# TIERRA HERIDA

## Mariano Velasco Lizcano

# TIERRA HERIDA

Mariano Velasco Lizcano

# INTRODUCCIÓN

Publicar un texto como ***Tierra Herida*** no es una fácil decisión, porque supone compilar todo el dolor acumulado durante años al ver morir, de forma lenta pero inexorable, aquello que amas con pasión. Son artículos y post que fueron apareciendo en su momento en mi propio blog *www.momentosparadiscrepar.es* como actos de denuncia —o quizá debería decir, desahogo— de tanto maltrato ecológico como sufre mi tierra. Aunados y compilados todos ellos en una sola publicación, suponen una especie de testimonio, además de un clamor.

Soy persona que intenta seguir una forma de vida que busca tener claro, en todo momento, qué es lo que está, y qué no, bajo mi control. Procuro centrarme en aquello que puedo controlar, y así tratar de alcanzar una serenidad que me permita vivir mejor. Pero eso no significa que lo que no está bajo mi control me resulte indiferente. Porque no todas las cosas tienen solución; la cuestión estriba en actuar como si la tuvieran; aunque, eso sí, intentando evitar la preocupación obsesiva de esperar el resultado externo que aún no ha ocurrido, y que probablemente nunca ocurrirá.

No siempre en mi vida esto fue así. No lo fue, desde luego, en aquellos momentos de juventud en los que decidí embarcarme en la quijotesca idea de *"desfacer entuertos"*, si bien en el aspecto medioambiental, más que social.

Para mí todo comenzó en el verano de 1991, cuando estalló una especie de conflicto institucional entre la autoridad municipal, y un grupo de presión formado por agricultores, aunados bajo el manto de su comunidad de regantes, que hicieron bandera de la necesidad de permitir la proliferación del regadío en esta tierra, pese a la sobreexplotación en que se encontraba sumido el acuífero 23. Las consecuencias, a nivel ecológico, habían sido devastadoras, pero amenazaban con aumentar.

Por entonces, dada mi juventud, nada más lejos de mi pensar, que ver si aquellos hechos que se estaban produciendo estaban bajo mi capacidad de control, o no. Al contrario, el ímpetu y la ingenuidad eran tales que me hicieron entrar en el mundo ecologista, como "elefante en cacharrería": rompiendo, aplastando, denunciando todo cuanto se me ponía por delante. Pensaba cambiar el mundo, aunque fuera un mundo tan reducido como el constreñido por la Mancha occidental.

Por supuesto, con el paso de los años, nada cambió a mi alrededor, salvo mi propio pensamiento. Lo que me provocó una enorme frustración. De modo que decidí abandonar. Al final habían sido casi treinta años ¡Ya estaba bien!

Pero luego, el recuerdo volvió, y las ganas de escribir para no olvidar, también. *Tierra Herida* es el fruto de todo ello. Ojalá que logre su objetivo, que no es otro sino el de constituir un testimonio para el recuerdo, para impedirnos olvidar lo que un día fue la Mancha húmeda, y ya no lo es.

***

*Ruidera, como muestra viva de lo que un día fue aquella añorada Mancha Húmeda*

# REBELDES CON CAUSA

En 1992, Severn Cullis, una niña de doce años, pronunció en la Cumbre de la Tierra de Río de Janeiro un discurso que marcó una época:

"Sólo soy una niña y no tengo soluciones para todo, pero quiero convenceros de que vosotros tampoco tenéis soluciones. No sabéis como reconstruir la capa de ozono, no sabéis dar vida a especies ya extinguidas para siempre, no podéis hacer que crezcan árboles en zonas que ahora ya son desiertos. Y si no sabéis ni podéis arreglar todo esto, por favor, acabad con toda esta destrucción. Porque sois vosotros, los mayores, quienes decidís en qué mundo vamos a vivir nosotros".

Con este testimonio, Severn Cullis vino a exponer con diáfana claridad la brecha, el grave conflicto generacional, que los adultos estamos creando en el campo del Medio Ambiente con nuestro actual modelo de desarrollo económico y social.

En el año 2010 la deuda contraída por los países de la Unión Europea se cifraba en 8,7 billones de euros, lo que significa que cada recién nacido europeo llegaba al mundo con un déficit de unos diecisiete mil euros. Pero más onerosa aún es la deuda ecológica acumulada por varias generaciones desde hace casi un siglo. Desde 1905 la temperatura media de la Tierra ha aumentado 0,74 grados centígrados, y sus repercusiones se hacen sentir: el banco de hielo ártico se reduce, las catástrofes climáticas aumentan, el nivel del mar sube y los glaciares se derriten. Aunque no seremos nosotros los que suframos las consecuencias, sino las generaciones que nos han de suceder. Quizá por eso los políticos se permiten tanta cobardía en la cuestión medioambiental.

Y es que es sumamente fácil e inocuo trasladar el peso de esa deuda sobre los hombros de los que no pueden defenderse, porque son demasiado jóvenes o porque no han nacido todavía. Como respuesta, son muchos los que desprecian a los políticos y a los partidos que los representan, un fracaso sin parangón para toda la clase política en general.

Pero ¿les preocupa acaso esta cuestión?

Para responder bastaría con pedirles que observaran sus niveles políticos más cercanos ¿Qué política medioambiental están desarrollando los gobiernos regionales y locales? Por ejemplo, refiriéndonos al ámbito manchego, cabría preguntar ¿Qué ha ocurrido con aquel Plan Especial del Alto Guadiana destinado a reconvertir hacia un modelo de sostenibilidad la depredadora agricultura del regadío sin control? ¿Qué ha ocurrido con aquella Reserva de la Biosfera de la Mancha Húmeda sobre la que pesan peticiones lógicas a favor de su descatalogación?

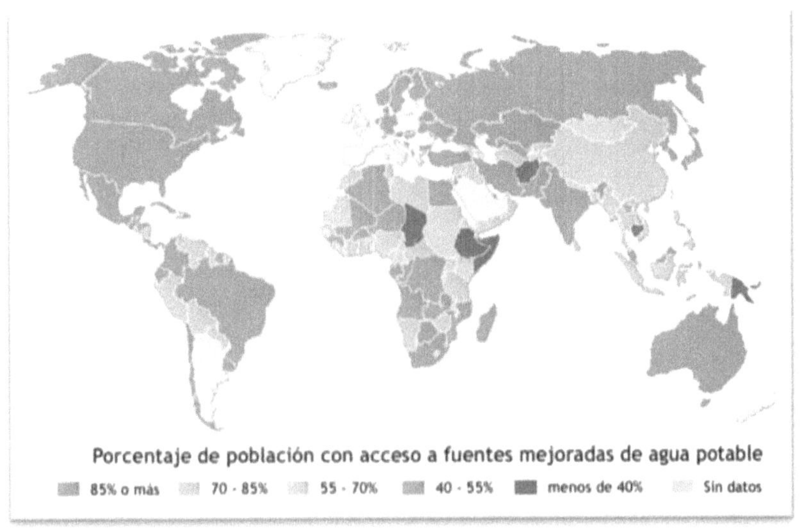



La respuesta resultaría obvia: no existe ningún interés por esas cuestiones a nivel regional, lo mismo que, salvo muy honradas excepciones, no existe ningún interés por todo eso en los niveles de la administración local ¿Lo dudan? Pues háganlo; intenten comunicarse con consejeros, alcaldes y concejales, envíenles alguna propuesta, alguna idea de participación, demuéstrenles que tienen opinión, y verán lo que reciben: en la mayoría de los casos sólo el apático, cobarde y estulto silencio oficial.

Excepcionalmente se podrán escuchar posturas inocentes, disculpas de falta de medios o de responsabilidad ¡Todo puede cubrirse bajo el manto de la crisis y la herencia recibida cargada de maldad! Timidez, falta de iniciativa y compromiso, hipocresía general es lo que trasladan los vientos políticos actuales en materia medioambiental. Y así seguiremos aumentando esa inconmensurable deuda generacional. Pero queda un atisbo de esperanza, porque como dijera Mahatma Gandhi: "El cambio sólo es posible cuando empieza a producirse en la persona que lo impulsa" y algo está cambiando en esos miles, millones de jóvenes, que ya no soportan tanta desvergüenza política y social.

*Más de trescientos millones de seres humanos no tienen fácil acceso al agua potable*

# CON LA "G" DE GIGÜELA

La llanura, plana e inacabable, se extendía en el horizonte. Al frente, el azul grisáceo del cielo prolongaba la planicie como en un infinito crepuscular. Caminaba por sus márgenes, ¿hace cuánto?... ¿Veinte, treinta años?…

Sorprende cómo pasa el tiempo llevándose con él la mejor parte de nuestra vida. Recuerdo que entonces tenía muchas ilusiones y expectativas en esa "causa" que había encontrado vinculada a nuestros humedales y la ecología. Todavía anidaba en mí la energía y el ímpetu de la juventud, aderezado, claro está, con la ingenua y bobalicona creencia de que, con lucha y esfuerzo, las causas justas conseguían triunfar. Vamos, como si hubiera sido un enamoramiento primerizo de esos que pensamos que nunca se van a acabar, solo que esta vez lo era con el medio ambiente.

Observaba las ruinas de los antiguos molinos de la Cazuela y la Guerrera, uno frente al otro. Y aguas más abajo, el llamado del Doctor. Recuerdo que constituía una magnífica visión la del pequeño bosquete rodeando el canal que antaño diera vida al ingenio: los molinos de agua del Gigüela, auténtica riqueza de la vieja Orden de San Juan. Aún sobrevivían algunos álamos blancos con sus enormes corpachones y sus frondosas ramas mil veces cuarteadas.

A poca distancia, la laguna de las Yeguas, y algo más alejada, la del Camino de Villafranca, ambas, hoy en día, junto con la de la Veguilla, protegidas como reserva natural. Son de las pocas que se salvaron de la gran debacle, y eso, por la distancia prudencial que mantienen con el cauce del río. Porque allá por finales de los años ochenta, la Confederación y sus técnicos decidieron dragar y canalizar más de ciento treinta kilómetros. Y todo ello con el fin de convertirlo en canal conductor de los aportes de agua que, desde el trasvase, Tajo-Segura, deberían enviarse hasta Daimiel a fin de conservar artificialmente el humedal. Así que, se profundizó su cauce y también se cambió su curso en determinados tramos. De esa forma, el sistema natural del río, con sus rápidos y remansos, con sus meandros y encharcamientos, pasaron a mejor vida llevándose con ellos todas las zonas encharcadizas que dependían de él —Vado Ancho, Pastrana, Molino del Abogado—; humedales estacionales característicos de la Mancha Húmeda, que simplemente desaparecieron, como si jamás hubieran existido. Y lo peor de todo, es que la justificación se buscó en mantener vivo lo que ya era un cadáver: las Tablas de Daimiel ¡Más hubiera valido que se hubieran preocupado por recuperar y mantener lo que aún se podía salvar: precisamente esos lagunazos y zonas encharcadizas asociadas al río Gigüela!

El molino de Hernando Díaz, o de Rondadías, siempre ha sido algo así como "más nuestro". Situado en el viejo camino entre

Alcázar y Herencia, nos era mucho más habitual. Constituía una de mis rutas preferidas para caminar, hasta que una avenida del río, en uno de esos últimos años de lluvias, se llevó el pequeño puente sobre el río. Desde entonces, todo ha sido un declarar político de intenciones de su reconstrucción, pero nada más. En fin, lo de siempre con los políticos: hablar y prometer sobre el papel y ante las cámaras, pero hacer, lo que se dice hacer, de eso "na de na".

Desde las ruinas del puente de Rondadías se perciben suaves las ondulaciones de la sierra de Herencia. En la vaguada, entre las colinas, entre la bruma mortecina, despunta el campanario de la iglesia, como alfombrado por un mosaico de casitas: es Herencia; un lugar de la Mancha en el Campo de San Juan.

Recuerdo que la contemplación del plácido deambular de un ganado, junto con el sonido de los cencerros de las merinas, me evocó una imagen literaria que plasmé como idea en aquella pequeña libreta de notas que solía llevar. Después, pasó a formar parte de una narración breve que evocaba la historia del teniente Millán, acaecida allá por los años de la primera Guerra Carlista, y por último encontró su acomodo definitivo en *Dios, patria, barro y sangre*, mi nueva publicación ¡Hay que ver para cuanto dieron aquellos breves apuntes que tomé!

Y es que, en mi caso, la ecología y el medio ambiente manchego, siempre han sido una de mis mayores fuentes de inspiración. Y aún lo siguen siendo. Porque puede que yo no haya aportado nada a esa debacle ecológica contra la que un día quise luchar, pero desde luego, ella me aportó todo lo que posibilitó que llegara a escribir: la carrera, el doctorado, el conocimiento del mundo político, científico e intelectual relacionado con esta problemática… También el ecologismo en la región, aunque, bueno, ese ya es otro cantar.

El viejo cauce del río Záncara es cualquier cosa menos el cauce de un río, como un arañazo infecto en el terreno

Siguiendo por el margen del río, como a una legua, se puede encontrar la confluencia de los ríos Záncara y Gigüela: muerto el primero, como esperanza de vida el segundo, aunque la mitad de las veces que ha llevado agua lo fuera a golpe de grifo para conducir los trasvases al Parque Nacional. Y, sin embargo, el paseo junto a los tarayes es una maravilla: paz y salud tanto para el cuerpo como para el espíritu.

El río Gigüela todavía mantiene atisbos de vida en su cauce y sus márgenes

Y aquí me he vuelto a quedar, tantos años después, observando ese cauce vacío que habrá de surcar los predios de Alcázar, Herencia, Villarta, Arenas de San Juan, Villarrubia y Daimiel, en busca de ese Guadiana en el que habría de desembocar. Pero ya no hay Gigüela; ni Guadiana, ni Ojos, ni Tablas. Que, por no haber, ya no hay ni el adecuado nombre de Gigüela, sustituido por un indignante "Cigüela" con C, que ha terminado de masacrar lo poco que nos quedaba, la cultura ribereña y nuestra toponimia popular de llamar al río por su nombre, que, para nosotros, los ribereños manchegos, siempre será el de Gigüela con "G". Y no hay más.

El río Gigüela actuando como canal conductor de los trasvases desde el acueducto Tajo-Segura

# A VUELTAS CON EL "TAJO-SEGURA"

Es un hecho reiterativo: de cuando en cuando puedo leer, en unos u otros medios de comunicación, algún nuevo alegato sobre el trasvase Tajo-Segura. Y como es natural, unos lo son a favor, otros en contra. Y el que hoy quiero comentar —otro más de los muchos que se suceden—, lo es a favor del trasvase en aras de la solidaridad que debe caracterizar al territorio español: "El Tajo no es una ideología, ni una bandera, ni una secta, aunque hay quien lleva media vida haciendo que lo parezca" —manifestaba el articulista en cuestión—. Se trataría de evitar —según el opinante — "que unos españoles se peleen contra otros por el agua de un río que es de todos, como el resto de los ríos, como todo lo demás". Es decir, al hilo de esta argumentación, el río Tajo forma parte del patrimonio natural de los españoles, y por tanto no debería ser tratado como objeto de cambio o controversia en cuestión.

Y debo decir que coincido con esta opinión —la de que el Tajo forma parte del patrimonio español—; al igual que también forman parte del patrimonio nacional, la Alhambra de Granada, el Acueducto de Segovia o la Catedral de Burgos, que de eso no cabe la menor duda. Pero eso sí, lo son allí donde están. Y ese es el punto en el que vengo a discrepar con el inefable colaborador, al no llegar a comprender por qué resulta impensable poder concebir cualquier manifestación del patrimonio cultural fuera de su lugar, y en cambio se puede pensar el patrimonio natural, en este caso el río Tajo, fuera de su propia cuenca natural ¿Acaso los ríos se definen ahora como corrientes de agua que fluyen hacia atrás?

Pues ironías aparte y en apoyo de esta argumentación, quizá estaría bien hacer un poco de historia en lo relativo al trasvase.

Embalse de Peñarroya: progreso social; retroceso ecológico

Veamos: fue a partir de los años 60 del pasado siglo cuando se consolidó la idea de construcción de grandes obras como el referente de política hidráulica de este país. Y entre estas, la construcción de presas como el paradigma esencial. Lo que conllevó un gran crecimiento de empresas constructoras, algunas muy potentes, tanto que algunos años después se constituirían de facto como un auténtico poder. En España siempre se prefirió el camino fácil de explotar lo conocido —la política del hormigón— antes que investigar y explorar nuevos conocimientos en materia de gestión de aguas. Concluida la posibilidad de construir nuevas presas, el lobby del hormigón pronto abrió la espita de la redistribución de los recursos hídricos a través de la realización de grandes infraestructuras: la política de los trasvases fue la nueva panacea para el poderoso lobby constructor.

El trasvase Tajo-Segura se presentó a la opinión pública el día 30 de enero de 1967. Las razones que se arguyeron para justificar el proyecto fueron las sempiternas del desequilibrio hídrico entre regiones y las de cómo el Ministerio se planteaba resolverlo: en lo esencial trasvasando hasta mil hectómetros cúbicos anuales desde la cabecera del Tajo hasta la del río

Tuberías de elevación del agua del trasvase Tajo-Segura

Mundo. Se trataba, en palabras del propio ministro, de "aprovechar los excedentes que se pierden en el mar".

Todos los mentores del proyecto estaban animados por una idea obsesiva: la grandiosidad de la obra; tanto que ella, por sí misma, se justificaba. Cualquier opinión contraria —económica, ecológica, social, geográfica— fue rechazada con auténtico desprecio.

La Ley 21/71, de 19 de junio, regularía la explotación del futuro trasvase, en principio autorizando un máximo de seiscientos hectómetros cúbicos anuales, que podrían ampliarse en una segunda fase hasta un máximo de mil. Con ello se pretendía implantar y legalizar cincuenta mil nuevas hectáreas de regadío, a la vez que acabar con el déficit hídrico de la cuenca del Segura. Y no importó tener que exagerar los datos de aforo del Tajo en su cabecera, que se estimaron en mil doscientos hectómetros cúbicos anuales, aforo que en ningún momento de la historia de explotación del trasvase se alcanzó.

Hoy, la realidad se concreta en que siempre quedó lejos el poder trasvasar incluso el máximo permitido para la primera fase —seiscientos hectómetros cúbicos— situándose la media en aproximadamente la mitad; en el hecho de que las hectáreas de regadío (legales e ilegales) en Murcia se han multiplicado exponencialmente hasta suponer un setenta y cuatro por ciento más del regadío previsto, y que el déficit hídrico que se pensaba eliminar prácticamente se ha duplicado en la actualidad. A cambio se ha producido una notable degradación y pérdida de todos los sistemas ecológicos ligados a las aguas subterráneas en el litoral por sobreexplotación de los acuíferos subterráneos, una esquilma sin parangón de los recursos de la cabecera del Tajo, y la consiguiente reducción del río a la condición de vertedero y cloaca oficial a su paso por ciudades tan principales, en Castilla La Mancha, como Talavera de la Reina o Toledo capital.

Embalse de Entrepeñas

Así, pues, y ante estas realidades quizá podrá tener excusa el hecho de considerarme un "anti trasvasista" convencido, y me importa un rábano que los detractores invoquen una y otra vez la supuesta cuestión de la politización del asunto y la insolidaridad regional. A ver si van a resultar ciertas las afirmaciones de los propios colaboradores y columnistas que se declaran "analfabetos hidrológicos" en la cuestión, cosa, empero, que no les impide pontificar. Pues nada, infórmense bien antes de opinar, que de ese modo podrán no resultar tan "analfabetos" en todo lo relativo a este asunto en cuestión.

No todas las cosas son como se ven

# AGUA Y HORMIGÓN

De nuevo he podido volver a leer las afirmaciones de un importante líder agrario de Castilla La Mancha, en las que literalmente insistía en la idea de que "España debe estar comunicada por una gran red de tuberías y de almacenamiento que lleve agua de donde sobra a donde escasea".

Obras del trasvase Tajo-La Mancha

Nada nuevo en el horizonte: tan solo el mismo discurso rancio y falaz que desde décadas atrás les ha dado tan buenos resultados; a ellos, y a las constructoras del hormigón que siempre se han llevado, así como a "la chita callando" la mayor parte del león.

La cosa comenzó allá a finales de la década de los años 70 del pasado siglo, cuando una política desarrollista apostó en lo hidráulico por la continuidad en la realización de grandes obras que, acabada la posibilidad de construcción de nuevos embalses, encontró en los grandes trasvases la solución: hormigón, fontanería y oferta infinita de agua como política desarrollista sin cuestión: el trasvase Tajo-Segura como obra paradigmática.

Y desde entonces hasta aquí todo ha sido un dislate: desde forzar las leyes exagerando volúmenes disponibles y reduciendo sistemáticamente caudales ecológicos para poder autorizar sucesivos desembalses, hasta producir un efecto llamada que al final, cuarenta años después, en lugar de reducir el déficit que en principio pretendía cubrir en la provincia murciana, lo que ha conseguido ha sido duplicarlo a base de incrementar las hectáreas de regadío de forma imparable e ilegal.

Mientras, el río Tajo se convirtió en una cloaca impidiendo todo disfrute humano del mismo a su paso por ciudades tan importantes como Aranjuez, Toledo o Talavera de la Reina. Hasta que al final, la sentencia del Tribunal Supremo, ordenando fijar los caudales ecológicos necesarios para el mantenimiento del río vivo, cuestiona, y no poco, toda esa política hidráulica basada en la oferta de recursos y el hormigón.

Y en Castilla-La Mancha no fuimos a la zaga, siempre leales súbditos del poder central. Clamábamos contra cualquier nuevo trasvase de agua a la región murciana, al mismo tiempo que apoyábamos la construcción de un nuevo trasvase desde el Tajo, pero eso sí, esta vez con destino a La Mancha.

"El tubo" de la Mancha

Y así, al final éste se materializó: más de mil millones de euros para enterrar una tubería —el famoso "tubo" Tajo-La Mancha— que, por no servir, no ha servido ni tan siquiera para hacer la adecuada inauguración.

¿Cuándo la planificación hidrológica se convirtió en una cuestión de pura fontanería?

Y con toda esa experiencia, todavía hay que oír a las "viejas glorias" del liderazgo agrario castellano-manchego insistir en que lo que hay que hacer "es una red de tuberías". Pues mucho me da que no, que a lo mejor lo que hay que hacer es reconocer errores, dejar paso a las nuevas generaciones, y retirar del plano agrario esas seniles ideas de que los temas del agua se resuelven a base de hormigón, en lugar de arreglarlos a base de estudio, planificación, legalidad, y sobre todo, buena gestión.

*¿Quieres conocer qué ocurrió en el alto Guadiana?...*
*Léelo...*

Río Guadiana: cuando la naturaleza es arte

# CAMBIO CLIMÁTICO ¿UNA REALIDAD?

Ahora se habla mucho del cambio climático. Incluso en una reciente encuesta realizada por el Real Instituto Elcano, el cincuenta y seis por ciento de los españoles lo situaban entre el primer y segundo lugar como la mayor amenaza a la que se enfrenta la humanidad. Y, sin embargo, la tibieza de las medidas para afrontarlo es algo que nos hace ponernos a temblar. Porque la pasividad política, frente al rápido deterioro del planeta, causa daños irreparables que hasta ahora nos parecían distantes e inconcebibles; tanto, que todavía dudamos de su realidad.

¿No hemos creado ya suficiente desierto por el Mundo?

Y son numerosas y crecientes las repercusiones del cambio climático: pero entre ellas, quizá, la mayor sea las migraciones que se están produciendo y se producirán por causas climáticas. Millones de personas se están viendo obligadas a abandonar sus hogares, temporal o permanentemente, debido a que su forma de vida y bienestar se han visto alteradas por los cambios ambientales. Unos huyen porque sus hogares fueron destruidos por desastres naturales —ciclones, inundaciones, sequías—; otros, porque las condiciones del clima o la degradación alteraron sus recursos agrícolas o porque sus ciudades se están hundiendo, literalmente, en el mar. En la actualidad se estima que hay sesenta y cuatro millones de migrantes forzosos, gran parte de ellos debido a las condiciones climáticas. Y estos, con toda seguridad, aumentarán cada año.

Según la Organización Internacional de Naciones Unidas para las Migraciones, el aumento de migración climática afectará al desarrollo global; porque alterará las infraestructuras urbanas, ralentizará el crecimiento económico, disminuirá el bienestar social, la salud y la educación de los migrantes, y en última instancia, elevará exponencialmente el riesgo de conflictos internacionales.

Ante ello, la sociedad civil, mucho más concienciada que la sociedad política, ha comenzado a posicionarse. Las protestas de los "Fridays for Future", capitaneados por Greta Thunberg, han instado a los líderes mundiales a que apliquen medidas conjuntas, urgentes y drásticas. Pero estos pasos solo son el comienzo. Se necesita más, muchísimo más. La cuestión es ¿Cómo lograr esa enorme movilización mundial contra el cambio climático?

Cuando la mirada dice todo

Porque aún en los países altamente concienciados con la problemática, la acción política es nula, prácticamente, y la acción social, tibia; es decir, poco más o menos igual.

Sigamos como ejemplo el caso español reflejado en la encuesta del Real Instituto Elcano, aludida al principio. Según los resultados de la misma, el noventa y siete por ciento de los encuestados afirma que el cambio climático existe, el noventa y dos, que los humanos somos los responsables del mismo, y el ochenta por ciento, afirma que España no hace lo suficiente para luchar contra el cambio climático. Y si existe este consenso tan mayoritario sobre la realidad del cambio, la pregunta sería ¿por qué éste no se refleja en la adecuada reivindicación social?

Seguramente que no existe una única respuesta. Pero una de las principales causas, con toda seguridad, es la indiferencia. Porque a pesar de todo lo que digan las encuestas, el cambio climático todavía es un hecho que no vemos con claridad, bien porque los que se benefician de la indiferencia tienen demasiado poder, bien porque como casi siempre, preferimos no cambiar las cosas. Eso sin contar con que también existe un importante número de personas que niegan la evidencia del cambio, o que no son conscientes de la velocidad con que se está desarrollando: porque la evidencia indica que la crisis climática es obra de una sola generación ¡La nuestra!

En otros casos, se tiende a pensar que al final el problema lo resolverá la ciencia con sus continuos avances. En realidad, excusas para mantenernos en la indiferencia impidiéndonos actuar.

Pero lo cierto es que este nuevo siglo va a estar dominado por el calentamiento global, y que ello va a afectar a todas las condiciones de vida básica conocidas hasta la actualidad. Así que la cuestión no es si vamos a ser capaces de corregir el cambio climático, que ya es algo inevitable y sin solución. La cuestión es ¿cómo va a afectar dicho cambio climático a nuestros hijos y a las generaciones que vengan detrás?

Mientras tanto, bien podríamos movilizarnos y tratar de hacer algo para ver si esas consecuencias se pueden mitigar. Aunque… mucho me temo que no, que no nos vamos a movilizar.

No arden los bosques; los quemamos.

*Incendiamos la Tierra*

*Y secamos los mares*

# EL ENIGMA DEL GUADIANA

Porque enigma, sí, parece seguir constituyendo la cuestión del nacimiento del río Guadiana, ya que a lo que se ve no hay forma de que nos queramos desprender de aquella romántica leyenda del "...puente sobre el cual pacen todo el año más de diez mil carneros..." que describiera Andrea Navaggero, embajador de Venecia, allá en los albores del siglo XVI. Y es que la imagen literaria, la fábula y la tradición, resultan siempre argumentos populares con un enorme poder de seducción.

Y vuelvo a cuento con este tema por el hecho de que releyendo el borrador del plan de gestión del espacio Natura 2000, Lagunas de Ruidera, que la Dirección General de Montes de la JCCM publicó, con fecha 10 de marzo de 2014, todavía me encuentro con asertos tales como que "...el conjunto de las lagunas se localiza en el valle del denominado alto Guadiana»; o también que «...las denominadas lagunas de Ruidera son una sucesión de quince lagunas situadas a lo largo del curso superior del alto Guadiana"; es decir, asertos que no aciertan a distinguir entre lo que es el curso alto de un río con el topónimo que define el singular del río en cuestión. Porque ¿Se puede seguir admitiendo que documentos oficiales sigan insistiendo en esa infundada creencia del nacimiento del río Guadiana en las lagunas de Ruidera? ¿Es que este tipo de documentación no ha de ser coherente con el posicionamiento científico, realizando a su vez una adecuada labor de pedagogía y educación?

Porque el Guadiana de Ruidera no es el Guadiana que nace, o mejor, nacía, en los Ojos. Y por eso, con sus diversos topónimos en cabecera —río Pinilla, Vado Ancho—, su nombre oficial desde el paraje de las lagunas de Ruidera es el de Guadiana Alto, que no es lo mismo, ni mucho menos, que el alto Guadiana (primer tramo o curso alto del río Guadiana), ni que la cuenca alta de dicho río, entendido éste último como aquel que nace o nacía en los Ojos, desembocando en el Atlántico, allá por Ayamonte.

*Ruidera: Guadiana Alto*

Que el Guadiana Alto, o de Ruidera, y que el Guadiana Bajo o de los Ojos, son dos ríos diferentes, es materia científica aceptada, al menos, desde mediados del siglo XIX.

Y es la investigación contrastada la que avala este aserto. Al menos eso es lo que corrobora la diversa documentación que compilan archivos y hemerotecas. De hecho, según consta en el número 4, de 15 de febrero de 1854, de la revista de Obras Públicas, ya en fecha tan temprana, como el 18 de febrero de 1849, el gobierno de la Nación emitió una Real Orden por la que se nombraba una comisión compuesta por dos ingenieros, uno de minas y otro de caminos, para que estudiaran el curso y la cuenca del río Guadiana desde su «nacimiento en las lagunas de Ruidera», hasta Badajoz, de modo que propusieran los medios de utilizar sus aguas en el regadío de las comarcas que atravesaba. La comisión citada recorrió el curso del río desde las lagunas de Ruidera y los Ojos del Guadiana, hasta Badajoz. Y de tan exhaustivo estudio surgieron múltiples conclusiones. Pero de todas ellas, una es la que nos viene bien a destacar: la que se refiere al nacimiento de dicho río, pues ambos ingenieros cuestionaban la extendida idea del hundimiento del río Guadiana. Incluso referenciaban al famoso arquitecto, don Juan de Villanueva que, al abordar su proyecto del Canal del Gran Priorato de San Juan, calificó de "cuentos de viejas" las creencias que sobre tal hundimiento corrían.

Lo cierto es que las comprobaciones científicas de estos dos ingenieros matizaban que en condiciones normales las aguas evacuadas por las lagunas de Ruidera marchaban por el canal construido hasta el pueblo de Villacentenos, distante una media legua del río Záncara, en los llamados "Llanos del Herradero", paraje donde solían filtrarse en el terreno. Por lo que ambos investigadores pudieron concluir que "era absurda de todo punto la creencia de que las aguas vertidas por las lagunas, infiltrándose en aquellos terrenos, recorran subterráneamente un espacio de siete leguas próximamente para presentarse de nuevo en los Ojos y continuar el curso del mismo río, que antes tuviera su origen en las citadas lagunas".

*En años de abundante pluviometría, los Ojos del Guadiana afloran su desdicha*

Para estos científicos, y en base a sus cálculos e investigaciones, quedaba demostrado que las aguas nacidas en las lagunas de Ruidera seguían su curso natural hasta verterse en el Záncara; que allí perdían el nombre de Guadiana para llevar por algunas leguas el de aquel río [Záncara] hasta su confluencia con el nuevo Guadiana nacido en los Ojos, y que éste conserva su nombre hasta su desembocadura en el Océano. Debían, por tanto, rechazar la idea que fijaba su nacimiento en las célebres lagunas, para situarlo en los Ojos del Guadiana. Distinguían, por tanto, dos ríos: el que procedía de las lagunas con el nombre de Guadiana Alto o de Ruidera; y el que nacía en los Ojos, que denominaban Guadiana Bajo o de los Ojos.

*Mientras las Tablas agonizan*

Es decir, que lo que dejaron claro es que el río Guadiana, el que desemboca por Ayamonte, en el Océano Atlántico, nace —o mejor nacía— en el paraje denominado "Ojos del Guadiana", siendo su única fuente de nacimiento las aguas subterráneas del Acuífero 23. Y que el río que mediante una serie de represas tobáceas configura las denominadas lagunas de Ruidera, es otro río diferente, llámese como se quiera llamar. Si bien, en respeto a la tradición, debemos denominarlo Guadiana Alto, para diferenciarlo del Guadiana sin más. Lo que no es de recibo, lo que no se puede seguir admitiendo, es que técnicos, expertos, documentación e instituciones públicas y privadas, sigan confundiendo el río Guadiana Alto (o de Ruidera), con el tramo alto o curso superior del río Guadiana (alto Guadiana), porque eso es tanto como seguir confundiendo a nivel oficial el "tocino con la velocidad". ¡Ay, cuándo aprenderemos a expresarnos con claridad!

# ¡ESOS POZOS ILEGALES!

De nuevo ha ocurrido, hemos necesitado de una tragedia para despertar nuestras conciencias al grave problema de los pozos ilegales; una situación de hecho, que eleva a varios cientos de miles el número de sondeos ilegales existentes en al ámbito nacional. También un problema que durante décadas todo el mundo ha querido ignorar; desde la propia Administración, hasta propietarios, sondistas, e incluso linderos perjudicados que casi nunca se han atrevido a denunciar; bien lo fuera por considerar ineficaz el procedimiento; por temor; o tan solo por la "pasota" actitud de "tener la fiesta en paz".

El caso es que aquí estamos. Y ha tenido que morir trágicamente un niño para que, ahora de repente, nos echemos las manos a la cabeza y comencemos a cuestionarnos qué se puede hacer. Porque aquello de entonar el *mea culpa* sobre cómo hemos podido llegar hasta aquí, eso es algo que ni se plantea en este singular país. Y digo singular, al menos en lo referente al tema que nos ocupa, porque hasta se llegó a acuñar el cínico término de "pozos alegales" para referirse a todos esos sondeos realizados fuera de la legalidad, porque llamarlos por su nombre: ¡Ilegales!, no solo les sonaba mal a los vulneradores de la norma, sino también a sus lobbies de presión: ora organizaciones agrarias, ora comunidades de regantes. Incluso a muy altos responsables de la administración hidráulica he oído designar con este término al problema en cuestión, culminando con ello el mayor círculo vicioso del ridículo y la desfachatez. Al menos así ha ocurrido en un territorio que conozco bien: la cuenca alta del Guadiana; los predios por antonomasia de los grandes acuíferos manchegos responsables directos de espacios naturales tan emblemáticos como las Lagunas de Ruidera y/o las Tablas de Daimiel.

*¿Cuántos pozos ilegales se perforan diariamente?*

Y puedo afirmarme en ello, porque ya en época tan lejana como el año 1996, denunciaba a este respecto en un artículo de opinión: "El acuífero 23 y las cuentas que nunca salen" publicado en *La Tribuna*, de Ciudad Real, que se estaban perforando "no menos de diez nuevos pozos diarios en la superficie del acuífero 23". Y de eso hace veinticuatro años: ¿A cuánto podría ascender el número de perforaciones ilegales realizadas en ese territorio hasta fecha de hoy? Y si esto ocurría en un pequeño territorio —el manchego— ¿A cuánto puede llegar el número de sondeos ilegales realizados en todo el solar nacional?

*¡En la Mancha, se perforan no menos de diez al día!*

Sí, sí, ya sé que esa locura perforadora se ralentizó mucho por la propia evidencia del agotamiento de las reservas hídricas subterráneas y la falta de rentabilidad económica de extracciones a profundidades desde el centenar de metros, y en muchas ocasiones de varios centenares más. Pero aun así ¿A cuántos centenares de miles de sondeos ilegales alcanzaría la realidad actual? Pregunta sobre la que nadie con sensatez podría dar cumplida respuesta, sencillamente porque no hay quien pueda cuantificar un problema que sigue *in crescendo* cada día; porque cada día se sigue perforando de forma ilegal. Y al caso del pueblo de Totalán, donde falleció un niño al caer en uno de esos pozos, podemos referirnos para confirmar esta aseveración.

Así que cínicas, impresentables y demagógicas me parecen todas esas declaraciones oficiales que anuncian la fiscalización y el cierre de todos los pozos clandestinos; promesas irrealizables que en realidad ninguna administración pretende cumplir, pero que calman a la opinión pública a base de decirnos lo que queremos oír… ¡Pero cuánta hipocresía política! ¿Es que nunca nos vamos a cansar?

*Aquellos tiempos en el que los pozos eran arte*

# LAGUNAS DE ALCÁZAR DE SAN JUAN

Desperté al valor ecológico y medioambiental del complejo lagunar de Alcázar de San Juan, una mañana en la que acepté acompañar a dos investigadores sociales, de la universidad de Barcelona, que, paradójicamente, se hallaban involucrados de lleno en un trabajo de campo, con la sobreexplotación de los acuíferos manchegos como tema de investigación. Andaban por entonces mediados los años 90, y yo me iniciaba también en esas lides investigadoras, circunstancia que nos hizo coincidir. Recuerdo que era una de esas soleadas mañanas de invierno, el cielo estaba extraordinariamente limpio y azul, y el frío ambiente hacía que se agradecieran aquellos rayos de sol. Frente

*Laguna del Camino de Villafranca*

a nosotros, la pátina calma de las aguas de la laguna y el vuelo de algunas gaviotas:

—¡Son preciosas! —me dijo Mercedes Viladomiu— ¡Ojalá en Barcelona tuviéramos algo igual!

Me quedé tan sorprendido que apenas supe reaccionar:

—¿Algo igual? —le pregunté— ¡Tenéis cosas mucho mejor!

*Atardecer en las lagunas de Alcázar de San Juan*

Entonces ella me miró con una especie de condescendencia en su rostro:

—¡Un ecosistema estepario del centro peninsular! ¿De verdad piensas que esto no tiene valor?

¿Lo tenía?... Le dije que no; que nunca lo había tenido para nosotros: "Terreno espartario, arisco, improductivo, cubierto de lastrón y albardín" —escribía de ellas don Rafael Mazuecos.

Y no acabaría ahí nuestro menosprecio por el conjunto lagunar, porque a la altura de los años sesenta, las lagunas de La Veguilla, y del Camino de Villafranca, se convertirían en el destino final de las aguas negras de Alcázar de San Juan. Olores nauseabundos, millones de mosquitos, cloaca estancada superficial, una verdadera lacra nos parecían las lagunas a la población. Lo inteligente era eliminarlas, y como drenarlas era casi imposible, colmatarlas fue la solución. De modo que las convertimos también en vertederos de escombros y residuos inertes. Con ello el ciclo del desprecio se culminó.

Esta explicación les daba yo a los catedráticos barceloneses mientras ellos me miraban con cara atónita llena de estupefacción.

> —Pues entonces tenéis mucho trabajo por hacer —me dijo de nuevo Lourdes Viladomiu.

Y, efectivamente, mucho era el trabajo por delante que nos quedaba por hacer: lo primero, convencernos a nosotros mismos del valor ecológico y medioambiental de la zona. Después, trasladarlo a la población hasta conseguir cambiar la nefasta apreciación que habíamos llegado a tener.

Tuvimos que empezar por formarnos a nosotros mismos. Conocer el complejo nos llevó tiempo, esfuerzo y no poca inversión en programas de saneamiento y educación ambiental. Llegamos a comprender así, que no siempre las lagunas fueron vistas de forma tan nefasta y despreciativa: mucho tiempo hubo en el que sus recursos fueron ampliamente aprovechados por la población. El más característico, la industria de la barrilla. El salicor (barrilla) almacena mucho sodio en su interior, de modo que, tratado en hornos improvisados en las orillas, permitían obtener sosa, materia prima imprescindible para la producción de jabón. De ella afirmaba el botánico Lagasca que producía más dinero que todas las minas del nuevo mundo.

*Laguna de Las Yeguas*

En otras lagunas próximas se explotaba la sal. En todas, la utilización de la vegetación palustre para usos artesanales e industriales (juncos, carrizos, aneas) fue otro importante aprovechamiento económico unido al humedal. Carrizos para la construcción, aneas para los artesanos, juncos para combustibles de hornos de tejeras y cerámicas. Caza, pesca, extracción de arcillas, usos medicinales de los lodos… La retahíla parece no acabar. Eso sin olvidar el uso lúdico del agua allí donde las lagunas gozaban de un poco de profundidad.

De modo que fue la modernidad y el incipiente progreso los que hicieron innecesaria la función económica de estos humedales. La industrialización emergente los postergó. Y así fue como pasarían a convertirse en rémoras del pasado, criaderos de mosquitos, muladares, estercoleros, vasos receptores de las aguas negras, unos parajes de los que teníamos que alejarnos a fin de olvidar un pasado miserable, que afortunadamente ya parecía quedar atrás.

Debieron pasar muchos años, y tuvieron que venir de afuera para recordarnos de nuevo los valores que teníamos. Y así fue cómo llegamos a lo que después se conoció como paradoja de la desecación: primero tuvimos que decretar leyes e invertir ingentes cantidades de dinero para acabar con estos humedales por su "nulo" valor, y luego tuvimos que legislar en sentido contrario y volver a gastar enormes cantidades de recursos económicos para poderlos recuperar ¡Así han sido las cosas!

Deberíamos levantar en los alrededores lagunares algún monumento a la estupidez.

Desde entonces hasta el momento actual, treinta años después, mucho han cambiado las cosas. Hoy, prácticamente nadie considera nuestras lagunas algo sin valor. Motivo más que suficiente como para felicitarnos por ello. Sin embargo, la tarea está lejos de haber concluido, y la educación y concienciación ambiental debe ser tarea permanente. Afortunadamente contamos con una nueva generación que parece querer tomar el testigo. Y creo que esta es la mayor satisfacción que me he permitido tras media vida de activismo medioambiental.

*Laguna de La Veguilla*

# LAGUNA DEL CERRO MESADO

En el término de Alcázar de San Juan, cerca de la confluencia de los ríos Záncara y Gigüela, a un kilómetro al norte del primero, y a dos y medio al oeste del segundo, al pie del cerro que le da nombre, se encuentra la laguna del Cerro Mesado, una laguna endorreica, esteparia, subsalina y temporal, que se encuentra incluida dentro de la Reserva de la Biosfera de la Mancha Húmeda. Tiene una superficie aproximada de unas diecisiete hectáreas, y supone una belleza su contemplación, tanto encharcada, como en su sola cubeta en los tiempos de desecación.

*Laguna del Cerro Mesado a vista de dron*

Los caminos de acceso hasta la misma se encuentran en perfecto estado de conservación, lo que permite llegar hasta ella tanto en vehículos a motor, como a pie o en bicicleta. Pero, desde luego, yo soy de los que piensan que una visita a la laguna del Cerro Mesado, bien merece una caminata, y si es con los amigos, mejor. Porque ello permitirá ir asimilando el paisaje, y proporcionará unas horas de tiempo de esas que pocas veces nos regalamos a nosotros mismos. Y eso, en estos tiempos actuales, ya es un auténtico valor.

Así lo hice yo la última vez que la visité; una caminata en solitario de esas que te permiten un amplio margen de tiempo para observar y pensar. Y observaba al caminar aquellas cosas que me rodeaban: el camino largo, casi infinito, el cielo, la tierra y el sol, la suave brisa acariciando mi rostro, y la contemplación lejana de las azuladas sierras de Herencia y Puerto Lápice, como poniendo fin a la extensa llanura. Recordaba en su contemplación las muchas veces que aquellas sierras habían inspirado los contextos y los personajes de algunas de mis obras: el Locho, Francisquete, el Gitanillo; mucha historia al pairo de su configuración agreste.

Se me hace largo y fatigoso el camino; se nota, sin duda, el paso de los años: antaño los recorría como en un simple paseo dominical. Sin embargo, ahora me pesa cualquier subida, cualquier repecho. Hasta que por fin accedo al humedal: suaves pendientes al Norte; olivos y viñedos al Sur; la cubeta lagunar del Cerro Mesado se encuentra como difuminada en la depresión. Y ante su visión me pongo a recordar la importancia científica que se asignaba a este humedal, pues constituye la única de toda la Mancha cuyo origen se sitúa en una conjunción de la doble acción del viento y el agua, ya que se sitúa sobre una llanura de inundación, antiguo fruto de los desbordamientos de los ríos Záncara y Gigüela, que el viento, con su acción erosiva, ha ido profundizando. En definitiva, una rareza entre el resto del conjunto lagunar, que subsiste pese a la desaparición del río Záncara y el drenaje y canalización del Gigüela, como si constituyera un mudo testigo del tiempo para reproche y escarnio de nuestra consumista generación.

Así, pues, es bueno su estado de conservación, pese a que su régimen se halla alterado y la presión agrícola y pastoril representen serias amenazas sobre ella. Es urgente, por tanto, con el fin de asegurar su protección, efectuar un deslinde del dominio público, recuperar la orla de vegetación natural, y disminuir la incidencia de la presión agrícola del entorno; medidas medioambientales no muy difíciles de implementar, si es que hubiera voluntad política y conciencia social para ello. Lo que ocurre, como siempre, es que no la hay de ninguna de las dos.

Llega la hora de regresar; algunos viejos almendros, unos deteriorados chopos, algunos arbustos alrededor, dan un aire de pequeña isla vegetal a las viejas ruinas de un antiguo caserón:

tapiales de medio metro de anchura, escombros y cascotes en su interior, y sin embargo todavía transmite algo del espíritu de la mucha vida que albergó. ¿Cómo sería vivir ahí esos largos meses de invierno en los que todo alrededor quedaba convertido en un lodazal?

Pues, tremendamente duro: como siempre fue la vida en la Mancha. Tanto que volvimos la espalda a estos humedales, buque insignia y enseña de nuestra peculiaridad medioambiental. Hora es de rectificar, proteger, cuidar y conservar… Aunque me temo que no…

*¡Esos campos de amapolas en la Mancha!*

# LAGUNA DEL SALICOR

La última vez que la visité fue en una mañana soleada y fría. Los campos se encontraban desiertos y sobre las suaves colinas se perfilaban las ruinosas siluetas de los antiguos molinos: caminaba en compañía de unos amigos pensando llegar hasta la laguna del Salicor.

*Laguna del Salicor*

Hay que decir que la laguna del Salicor se encuentra situada entre los términos municipales de Alcázar de San Juan y Campo de Criptana, a unos siete kilómetros al Noroeste de ésta última población, justo al límite de su término municipal. Es una laguna esteparia, endorreica, estacional, hipersalina, y tiene una extensión de unas cuarenta y siete hectáreas, con un perímetro bastante regular, y una longitud y anchura máximas de mil cien y ochocientos metros, respectivamente. Su carácter estacional hace que solo permanezca encharcada en las épocas de abundantes lluvias.

Marrones y verdes; nacientes siembras se alternan en los campos, al fondo alguna mancha del antiguo monte bajo mediterráneo; al pairo, el insultante tubo de hormigón que hoy hace las veces de brocal del pozo de Sevilla, agua somera y abrevadero junto al camino.

*Camino de la laguna del Salicor*

La marcha que imponen los caminantes implica un buen ritmo; comienzo a quedarme atrás con la excusa de tomar unas notas y fotografiar los paisajes. Caminos; caminos pesados y polvorientos, caminos que a todas partes llegan y a ningún lado conducen, ¿por qué me producen tanta melancolía y frustración? Y mi mente se pierde de nuevo volviendo a aquel austero pasado que pervive en mi mente y en mi corazón…

Éramos unos auténticos zarrapastrosos, siempre en la calle como si fuera la prolongación natural de nuestro propio hogar. Nos asábamos en los veranos, y nos moríamos de frío en los inviernos, las calles llenas de polvo y barro, según fuera una u otra estación. Y allí inventábamos y maquinábamos qué hacer, casi siempre nada bueno en realidad. Porque en aquel tiempo de silencio, respeto temeroso, y opresiva autoridad, todo lo aprendíamos en la calle. Y lo aprendíamos de la forma más ruin y grosera. Aún me ruborizo al recordar las cosas que hacíamos. Y hacíamos de todo, desde robar en los cepillos de la iglesia, hasta preparar trampas con botes llenos de excrementos que colocábamos sobre las rejas de las ventanas con un hilo sedal ¡Menuda rociada se llevaba el pobrecillo que acertaba a pasar! Qué tiempos, Dios, cuanta incultura, miseria y necesidad.

Casa Sabino, antigua majada, unas plantaciones de pinos, y al fondo la laguna del Salicor. Algunos olivos lejanos, pétreas crestas bordeándola, blancos y salitrosos suelos. La inmensa llanura dificulta la escorrentía, haciendo que las aguas vayan a estancarse al centro de la depresión. La laguna se colmata así, con las primeras lluvias del otoño, potente y maravillosa; aguas que irán disolviendo los minerales depositados en el fondo de la cubeta elevando su grado de salinidad. Con ello renace una riquísima microfauna: comunidades bacterianas de orígenes remotos y minúsculos crustáceos. Después, con la llegada de la primavera, el fondo se llenará de algas, mientras en los bordes, los salicores comenzaran a crecer: aquellos que nuestros ancestros quemaban en las orillas para obtener la sosa comercial, materia prima del jabón. Más en las afueras del fondo lagunar, encontraremos el almarjal, con la sosa fina como especie dominante. Y en todo el perímetro lagunar, las matas de esparto y albardín. En otros tiempos, la recolección del esparto era una fuente económica de primera magnitud.

*El albardín bordeando la laguna*

Será con la llegada del verano cuando se inicie un rápido proceso de evaporación que provocará una precipitación de los minerales disueltos: carbonatos, sulfatos y sales que dejarán la costra blanca que caracterizará al humedal durante el tórrido estío. Como paradoja de esa especie de desertificación, la vida permanecerá latente bajo la sal hasta que las primeras lluvias del siguiente otoño reanuden el ciclo biológico que ha venido perpetuándose desde la más remota antigüedad ¿Se comprende mejor el porqué de la singularidad de estos saladares de la Mancha húmeda? ¿Puede dudarse, acaso, de la necesidad de su salvaguarda y protección?

Pero es que, además, y por si no fuera suficiente con los singulares procesos físico-químicos que se desarrollan en el humedal, la laguna de Salicor tiene un valor faunístico excepcional: desde lugar de concentración de grullas en su paso migratorio, hasta importante refugio de diversas poblaciones de aves esteparias amenazadas: ganga común, sisón, avutarda; además de ánades, garcetas y porrones. En fin, su valor natural es indiscutible, y aunque se encuentra relativamente bien conservada, no por ello dejan de cernirse amenazas sobre ella, fundamentalmente, derivadas del impacto de las actividades agrícolas y de las zanjas de drenaje que se observan a su alrededor. Resultaría necesario delimitar claramente el dominio público hidráulico, eliminar las zanjas, y adoptar medidas que aseguren la regeneración y conservación de la fauna y flora, además de controlar el uso de los caminos que bordean el espacio. ¡Mera utopía! Se limitarán a proteger sobre el papel con esa declaración de Reserva Natural con la que ya cuenta, y se acabó. Porque ya se sabe; es que el papel lo soporta todo.

Llega la hora de regresar; me invade de nuevo la tristeza y la añoranza, y me pregunto por qué corremos tanto, por qué casi nunca tenemos tiempo para dar de lado a aquellas cosas que nos atosigan; por qué no disponemos de ni un momento para nosotros mismos... Alejarnos un rato de los problemas cotidianos saliendo a caminar es algo sencillo y beneficioso. Si además nos sirve para conocer, aprender e involucrarnos con el medio que nos rodea, el círculo se completa en su totalidad.

Unos ramos de *limonium* rozan mis pies, como floreros adornando este espartal. Tiempos lentos al son que marcan nuestros pasos. A veces, pienso que estas sensaciones que vivo son algo muy parecido a unos breves momentos de felicidad.

# LAGUNAS DE VILLAFRANCA DE LOS CABALLEROS

Comentábamos en algún otro artículo dedicado a este tema, que las lagunas manchegas han sido desde tiempo ancestral parte consustancial del sustrato de estas tierras; y aunque unas veces aborrecidas, y otras amadas por las gentes de estos lares, han sabido solapar su andadura al acontecer de nuestro pasar: la Mancha nunca habría sido tal cual es, sin su peculiar, extenso y magnífico, patrimonio natural.

Pese a ello, fue un patrimonio que nunca mereció nuestra apreciación; y tan solo en los últimos años, precisamente en los tiempos de adoración del consumismo y la individualidad, han sido cuando han merecido algo de apreciación, seguramente porque de aquel patrimonio que conservamos intacto hasta prácticamente los inicios de los setenta de la centuria anterior —más de veintidós mil hectáreas de zonas húmedas—, solo quedan unas seis mil en la actualidad, apenas una cuarta parte de su referencia original.

Y ante esta situación, esas pocas zonas húmedas que nos han quedado, han pasado a convertirse en un auténtico tesoro de valor excepcional.

Bien, pues de entre todas ellas, puede que el complejo palustre de las Lagunas de Villafranca —Grande y Chica— sea una de las mayores joyas del mismo. Porque a la importancia que suma el hecho de tratarse de lagunas permanentes, habría que añadir el interés como complejo turístico que impone la Laguna Grande, que ha sido utilizada como zona de baño y como balneario para alivio de "reumas" y afecciones de piel, desde inicios del siglo pasado, hasta prácticamente el tiempo actual.

*Laguna Grande de Villafranca de los Caballeros*

Aún recuerdo, como si fuera ayer; como si el tiempo no hubiera pasado, la felicidad que suponía ir "a los baños" de Villafranca, porque, por entonces, en la Mancha, el invento del turismo todavía estaba por llegar.

Lo cierto es que, por aquellos tiempos, la familia había adquirido una furgoneta DKW para atender mejor el negocio familiar; la parte posterior adaptada para transportar leche, piensos o ganado; es decir, que igual apañaba un roto que un "descosio". Se cubría con una lona, y allí nos metíamos todos —padres, tíos, primos—, al final de la tarde, cuando el negocio permitía un respiro, para irnos a bañar. Y me acuerdo de lo mucho que disfrutaba mi tío Isidoro, cuando al tomar en Villafranca el desvío de las lagunas y pasar frente a la casa cuartel de la Guardia Civil, nos mandaba callar, porque si no, nos podrían detener, dado que la DKW no admitía más que dos pasajeros en cabina. Y claro, aquello, para un niño como era yo, suponía un terror excepcional. Pero luego, llegábamos a la laguna, nos metíamos en sus aguas, y aquel disfrute superaba todo lo demás.

Hay que señalar que la Laguna Grande de Villafranca se sitúa a unos dos kilómetros al Noreste del término municipal. Es una laguna esteparia, endorreica, con aportes del Gigüela, lo que posibilita que, si originariamente era estacional, ahora permanezca encharcada todo el año. Sus aguas son hiposalinas, y cuenta con una superficie de unas sesenta hectáreas de propiedad pública municipal. Sin embargo, esta laguna es de esas que han experimentado una mayor modificación de su facies primitiva, al pasar a depender del río Gigüela a través de un canal de enlace, por el que recibe un aporte continuo de aguas superficiales, de tal modo, que este humedal soporta, tras Ruidera, la mayor presión recreativa que se pueda considerar.

*Ortoimagen Laguna Chica de Villafranca de los Caballeros*

La laguna Chica se encuentra a continuación de la Grande. Podría catalogarse de laguna fluvial, subsalina, permanente, y tiene una superficie de unas treinta y nueve hectáreas de terreno público municipal. Es la mejor conservada en su aspecto ecológico, rodeada de carrizales, espadañales, juncales y castañuela. Desde el punto de vista faunístico, su importancia es excepcional. Su estado de conservación, aceptable.

Son, por tanto, las lagunas de Villafranca, Grande y Chica, como el haz y el envés de lo que ha de significar el uso y la conservación de estos humedales: ecología y/o conservación prístina, o alternancia con el uso turístico y recreativo vacacional.

Soy de los que no concibo que se pueda pretender mantener espacios naturales de espaldas al cuidado e interés, primero de las gentes que conviven con él, sean profesionales o población autóctona; y después, de todo el público en general que quiera disfrutar de él. Pero también soy de los que piensan que el uso de estos espacios requiere un comportamiento exquisito de respeto medioambiental que, en Villafranca, muy pocas veces se da, comenzando por la propia Corporación. Zonas disuasorias de aparcamiento de vehículos, señalización educativa de los valores ecológicos del espacio, tendidos eléctricos, adecuación al entorno de las horrendas construcciones levantadas en tiempos pasados sin ningún orden ni control... En fin, que en Villafranca, como en el resto de la Mancha Húmeda, todavía quedan muchas cosas por hacer, que desde luego, nunca se harán. Porque, a fin de cuentas, cien años de odio hacia nuestros humedales, dejan espeso poso y mucha "tela" que cortar.

*Zonas urbanizadas en la Laguna Grande de Villafranca*

# LAGUNAS: GRANDE DE QUERO Y DE LOS CARROS

Está soleada la mañana, caminos húmedos mojados por el rocío. Gotas de agua sobre juncos y carrizos, tarayes en lontananza. Son caminos solitarios que van a conducirme adonde quiero llegar, en este caso a la laguna Grande de Quero, y posteriormente, a la más pequeña laguna de los Carros, esta última en el límite de los términos de Quero y Alcázar de San Juan.

Está evocadora la mañana, con su incipiente neblina y su frío invernal. Me trae reminiscencias de otros tiempos y otras épocas, cuando el agua y el frío eran la dura cotidianeidad.

Recuerdo que aquel otoño las lluvias comenzaron al finalizar la vendimia, de modo que la llegada del temporal pudo recibirse con total normalidad. Había comenzado el curso escolar y las aulas se mostraban tediosas amenazadas por aquella brumosa penumbra que dimanaba de la escasa luz que penetraba a través de los ventanales; los cielos permanecían encapotados y los nubarrones presentaban un terrible y oscuro color gris. Y llovía; Dios, ¡cómo llovía!

Las goteras comenzaron a inundar las aulas y pasillos, y al salir para ir a casa era impensable evitar llegar "hecho una sopa" pese a los impermeables y las botas de agua que usábamos con profusión: te calabas por todas partes sin que hubiera forma de poderlo evitar. En las casas, hombres y gañanes permanecían en sus cocinillas junto a las cuadras de los animales, siempre en un extremo del corral, dejando lo más diáfano posible el espacio libre en el corralón. Eran cuadras y corrales de paredes de adobes, el suelo de tierra, como las calles, y blancas por la cal que se aplicaba en las primaveras.

Las lluvias arrastraban la cal y dejaban al desnudo hastiales y murallones, empapados, desconchados, transmitiendo una sensación sorda, apagada, como de tristeza. La gente apencada contra el quicio de la puerta, con las manos en los bolsillos, observando el tiempo con un fatalismo total. Los carros en las puertas, chorreando, con el agua corriendo silenciosa por los arroyos que se iba labrando al caminar; y los hombres abstraídos en su contemplación, llegando a ensimismarse por completo hasta que algo les hacía despertar. Entonces entraban encogiéndose por una frialdad que hasta entonces no sintieron.

Pero hemos de volver a nuestro presente actual. El sol refleja en el relente mañanero formando arcos iris de colores, los caminos encharcados. Al fondo vislumbro las aguas de la laguna: como un espejo inmenso tendido en la llanura.

La laguna Grande de Quero ha sido fuente de explotación minero industrial desde los más lejanos tiempos. Las salmueras de sus aguas fueron siempre recursos económicos de primera magnitud. Está situada junto al núcleo urbano, y tiene las características propias de una laguna esteparia, endorreica, estacional e hipersalina. Ocupa una superficie aproximada de unas ochenta hectáreas, con un perímetro bastante regular de unas longitudes máximas de mil seiscientos metros de largo por setecientos de ancho. Pese a su carácter estacional, suele permanecer encharcada durante bastante tiempo. Su régimen de propiedad es mixto, público y privado; lo que dificulta mucho su adecuada gestión.

*Laguna de Quero*

Las aportaciones de agua provienen, tanto de la precipitación directa como de las aguas subterráneas de los acuíferos superficiales. Y son, precisamente, estas aguas subterráneas, las causantes de la aportación salina por lixiviado de las facies de los alrededores. Lo que la convierte en un ecosistema singular a nivel europeo, por sus características hidroquímicas, las comunidades microbianas y los procesos de sedimentación salina.

Sin embargo, y pese a su particularidad y rareza, presenta importantísimos impactos derivados del uso para la extracción salina destinada a la industria, lo que hizo que la cubeta fuera compartimentada en balsas por canales y diques de explotación. Además, el enorme desprecio de la población hacia el humedal ha hecho que los márgenes y la vegetación palustre se encuentren fuertemente alterados por aterramientos y vertidos de escombros. Así que, como poco, las medidas más inmediatas habrían de consistir en delimitar el dominio público, cesar todo tipo de extracción minera, eliminar vertidos y escombreras, planificar el desvío de carreteras y caminos para poder diseñar una buena ruta o camino rural interpretativo, que debería incluir la visita a los "silos" como elementos patrimoniales de interpretación. Aunque mucho pedir me parece todo esto.

Contemplamos con pausa e interés desde diversos puntos de la laguna. Una agitación de la cabeza que solo indica resignación. Después, volvemos a caminar.

Nuestros pasos se dirigen ahora hacia la laguna de los Carros. Al fondo, sobre la margen del río, se aprecia una barrera de oscura bruma. Y mi mente vuelve de nuevo al pasado, acompañando los ya cansinos y monótonos pasos.

Y vuelvo a recordar aquellos lejanos días de temporal. Sí; los recuerdo con nostalgia, al igual que recuerdo aquellas fotografías que mi tío Isidoro nos trajo de la carretera de Manzanares, cerca ya del río Záncara, allí donde él tenía sus cuadras y ganados. Era algo espectacular, el río Viejo del Guadiana y el Záncara

*Las vegas del Záncara en estado de inundación*

desbordados, anegando kilómetros y kilómetros de superficie, como en un gran pantanal. Y la finca entre ambos, haciendo bueno el aquél de su nombre: "La cárcel de los ríos"; con la carretera cortada y el agua alcanzando hasta los bajos de la furgoneta, ¡durante varios días le fue imposible llegar allí! Aislados quedaron hombres y animales.

Nunca he olvidado aquella feroz imagen de cuando pudimos pasar. Algunos terneros se habían ahogado incapaces de superar la fuerza del torrente: ¡Increíble! ¡Ahogados en la Mancha, en mitad de un secarral!... Pero es que las cosas eran así.

La laguna de los carros se encuentra situada en el límite de las provincias de Toledo y Ciudad Real, entre los términos municipales de Quero y Alcázar de San Juan, a siete kilómetros al Este de la laguna del Salicor. Es una laguna esteparia, endorreica, temporal e hipersalina, de una superficie aproximada de quince hectáreas. El régimen de propiedad de la tierra es público y privado. Se sitúa en el interior de la cuenca endorreica del río Gigüela. Su carácter somero y las condiciones climáticas hacen que solo se inunde en los años más lluviosos. No obstante, cuando esto ocurre, crece en su vaso una de las plantas acuáticas más interesante y amenazada de la península Ibérica, la *Althenia orientalis*, a la que suele acompañar la *Ruppia depanensis*, todo un ejemplo de adaptación al progresivo aumento de la salinidad debido a la intensa evaporación y posterior desecación. Estas plantas acortan su ciclo biológico, produciendo una gran cantidad de semillas y esporas que permanecen viables en la parte superior de los sedimentos secos a la espera de un nuevo periodo de inundación. De este modo superan la sequía.

Su estado de conservación es deficiente, la cubeta se ha labrado parcialmente con el fin de ampliar los campos de cultivo de los propietarios de los terrenos anexos, y también se pastorean los márgenes del humedal. Por lo que la vegetación de estas zonas se encuentra muy alterada. De modo que las primeras medidas de protección deberían incidir en delimitar el dominio público hidráulico, limitar la explotación agrícola en el entorno próximo, y eliminar los depósitos de escombros y basuras. Cosas tan sencillas de hacer, que, por eso mismo, no se harán.

Y ya sí, ya con estás notas que tomamos, damos por concluida la excursión de esta mañana. Ahora nos restan unos diez kilómetros de camino, con paso obligado por el yacimiento de Piédrola. Aunque de este lugar también hay mucho que hablar. Pero eso lo dejaremos para otro día.

*Laguna de los Carros*

*Restos de salinas en la laguna de Quero*

*Vertido de escombros en el margen lagunar*

# LAGUNAS DE PEDRO MUÑOZ

El complejo lagunar de Pedro Muñoz es de los más importantes dentro de los que componen los humedales de Ciudad Real. Está formado por la laguna del Alcohozo, situada a unos cinco kilómetros al sureste del pueblo, ya junto a la divisoria de Cuenca; la laguna de Retamar, a algo más de dos kilómetros al Nordeste, y la laguna de la Vega, más conocida por el sinónimo de "Laguna del Pueblo". Pero sin lugar a dudas, de todas ellas, la más conocida y popular, es la del Pueblo, quizá por su inmediatez al núcleo poblacional; tanto, que casi se puede decir que podría considerarse como un "barrio" más del municipio en cuestión.

*Laguna del Pueblo de Pedro Muñoz*

Y esa circunstancia, precisamente, a lo largo de muchos años, fue la que propició que prácticamente se convirtiera en una especie de vertedero-escombrera donde iban a parar gran parte de los residuos que desechaba la población. A ello se añadió el vertido de las aguas fecales; y la laguna de la Vega se convirtió, durante mucho tiempo, en un sitio maldito del que, salvo malos olores y mosquitos, poco más se podía esperar. Es decir, le ocurrió lo mismo que a la mayoría de los humedales manchegos, que las poblaciones les volvieron la espalda por su "nulo" valor y porque en realidad de ellos ya solo obtenían incomodidades, malos olores y enfermedades —el paludismo ha sido endémico en la Mancha—, cuando no inundaciones y catástrofes, cada vez que se desbordaban en los años de especial pluviometría, que solía ser una vez cada cuatro o cinco años. Claro, que esto era cuando todavía nadie hablaba ni sabía nada de lo que iba a suponer, años después, lo que ahora llamamos cambio climático, porque para que se desbordara alguna laguna en la actualidad tendría que ocurrir casi un milagro ¡Tan secas están!

Aquellos eran los años en los que de los pueblos se iba todo el mundo. Aún recuerdo aquellas imágenes que veíamos en el NO-DO, el noticiero oficial que teníamos que soportar antes de cada película, como si fuera un peaje servil más de aquel ilegítimo régimen. Centenares, miles de personas bajando de los trenes en las estaciones de Madrid y Barcelona; mal vestidos, con toda la casa a cuestas en cuatro maletas de cartón atadas con cuerdas, familias que arrastraban sus proles tras unos rostros mezcla de miedo y desesperación, porque ya ni fuerzas para odiar les quedaban. Más de cuarenta mil españoles se desplazaban cada mes por el solar nacional en búsqueda de otros lugares donde comenzar de nuevo teniendo alguna posibilidad.

Y no quedaríamos nosotros mismos indemnes de aquel éxodo. Pronto la pandilla vio como sus miembros tenían que emigrar, arrastrados por sus padres; los unos a Madrid, los otros al Levante… Y para los pocos que nos pudimos quedar, el pueblo se volvió más vacío y solitario, nuestro pecho desgarrado por aquellas separaciones que no entendíamos.

*Ortoimagen de la laguna del Pueblo de Pedro Muñoz*

La laguna de la Vega —laguna del Pueblo— es una laguna esteparia; es decir, situada en terreno vasto de gran horizontalidad, con suelos pobres y salinos, clima continental extremo, y sometida a un grave estrés estacional. Endorreica, ya que no evacua sus aguas, permanente e hipersalina. Tiene una superficie de cincuenta y cuatro hectáreas —es la más pequeña del complejo lagunar— siendo su longitud máxima de mil trescientos metros, y su anchura de unos seiscientos. Actualmente utiliza el agua de la depuradora de la población para mantener su llenado. Los terrenos son públicos, propiedad de la Junta de Comunidades de Castilla La Mancha. Cuenta con diversas figuras oficiales de protección, un centro de interpretación, dos observatorios de aves y paneles interpretativos. Lo que parece indicar que se ha mejorado bastante la situación desde aquel invierno de 1985 en el que, María Antonia Monsalve y Joaquín Álvaro, denunciaran en la revista *Quercus* su patética situación. Más en concreto, que la Laguna de la Vega era un lugar nauseabundo rechazado con asco por toda la población, pero que, aun así, su importancia era tal que permitía mantener una riquísima y abigarrada fauna.

En la actualidad, salvo un ligero lavado de cara realizado con un importante dispendio de dinero público, lo cierto es que sus aguas continúan estando eutrofizadas de forma permanente, al nutrirse de los efluentes de la depuradora local, su régimen hídrico se encuentra totalmente transformado, la cubeta modificada por los residuos urbanos que durante décadas se vertieron allí; está vallada, y sigue soportando muy importantes impactos derivados del pastoreo, la caza, el uso recreativo y la mala conservación. Por no incidir en esa especie de mausoleo infrautilizado e inútil, que es el Centro de Interpretación.

*En el Centro de Interpretación de los Humedales Manchegos de Pedro Muñoz*

En definitiva, el complejo lagunar de Pedro Muñoz es otra muestra más del abandono y menosprecio en que los manchegos seguimos teniendo a nuestros humedales. Y es que para conservar algo, primero hay que amarlo; y para amar las cosas, hay que conocer y saber. Pero nada más lejos de la realidad, porque si la educación ambiental, en general, es algo prácticamente inexistente, en la Mancha, es una quimera imposible de alcanzar. Y claro ¡Así nos va!

*Laguna del Pueblo de Pedro Muñoz*

# RÍO ZÁNCARA

A veces me gusta transitar por la carretera de Alcázar de San Juan a Manzanares para seguirla hasta llegar al río Záncara. Y lo hago, solo con el propósito de rememorar. Porque la carretera de Manzanares, para nuestra pandilla, siempre fue "el carreterín", un mero camino asfaltado que sin embargo suponía la única vía de escape que nos permitiría salir, alejarnos un poco del pueblo, aunque nunca más allá del río Záncara, porque el gran descubrimiento fue cuando, con el uso de las bicicletas, llegamos hasta él ¡Aquello fue la apoteosis! Ver las aguas correr, meternos en ellas sin otro bañador que nuestros calzoncillos... ¡Qué ingenuidad, nos bañábamos con ellos puestos, y luego nos los quitábamos para ponerlos a secar al sol!

El Záncara quedaba como a unos ocho kilómetros de la población. De modo que llegar hasta él, dos en cada bicicleta, suponía un esfuerzo considerable. De la pareja, uno pedaleaba a la ida, el otro a la vuelta. Y ello bajo un sol que a menudo superaba los cuarenta grados. Pero éramos duros, como la tierra que nos conformaba. Y disfrutábamos con aquellas aventuras.

Y me acuerdo, sí, me acuerdo de aquella mañana en la que mi padre me llevó en su "Montesa" hasta el río. Detrás, abrazado a su cintura, yo lo sentía como un gigante, un gigante protector; con él no podía pasarme nada. Y apoyaba mi cara sobre su espalda mientras cerraba los ojos disfrutando el momento ¡Eran tan escasos los que me dedicaba! Recuerdo toda aquella infancia con "hambre" de padre. Así que aún no puedo comprender cómo aquel día se alinearon los planetas para que hiciéramos aquella excursión. Pero, al fin, allí estábamos los dos, frente a aquel río de aguas limpias, aunque someras por la evaporación estival. Recuerdo que le dije que quería bañarme, y él me dejó hacer. Me desvestí dejando tan solo mis pequeños calzones y penetré en la corriente. No tengo constancia de si el agua estaba muy fría o no. De lo que sí me queda el recuerdo es que mi cuerpo era tan pequeño que la corriente lo arrastraba, de modo que mi padre decidió quitarse su cinturón para que me agarrara a él, y así pudiera seguir disfrutando de aquel baño en total seguridad ¡Dios, me sentía tan feliz!

¿Qué hacen estos recuerdos en el fondo de mi mente? ¿Por qué siguen ahí! Ha pasado medio siglo, y aparecen nítidos, como si hoy fuera ese mismo día… No lo puedo comprender…

Cuando mi tío Isidoro trasladó su ganado a la "Cárcel de los ríos" y construyó la nueva vaquería poco antes de llegar al río, nuestras visitas se multiplicaron dado que tuvo el genial acierto de arreglar la alberca y la molineta, con lo que de pronto, toda la familia dispuso de "casa de campo" donde veranear. Y era de ver aquellos domingos en que desde primeras horas de la mañana casi toda la familia nos desplazábamos para bañarnos y comer una paella en un ambiente alegre y feliz.

Por aquel entonces compramos un Seat 850 —lo que por estos lares y en esa época, era la repera—, y mi madre fue lo suficientemente atrevida como para decidirse a sacar el permiso de conducir ¡En un poblachón manchego y a finales de los sesenta! Que ello le costara un incontable número de pruebas de examen, es algo que no hace al caso, porque lo verdaderamente importante era su voluntad y deseo de romper barreras. Obtuvo el permiso, aunque, la verdad, a conducir, lo que se dice conducir, jamás aprendió. Por eso solo usaba la primera y segunda marcha del vehículo, llegando a olvidarse de que el auto tenía más. Cuando íbamos hasta el río, yo, en el asiento del copiloto, tenía que meterle la tercera y la cuarta. Y como quiera que entonces llegábamos a alcanzar la endiablada velocidad de sesenta y cinco o setenta kilómetros por hora, pues ella usaba el claxon profusamente en cada curva de la carretera: era como advertir al mundo entero ¡Cuidado que ahí voy yo!

El río Záncara, por tanto, era el nervio hídrico consustancial de nuestras vidas. También estaba el Gigüela, pero siempre a la sombra del anterior. Por eso, "el carreterín" de Manzanares, con su meta oficial en el Záncara, era nuestro "anschluss" particular. Por él hubiéramos guerreado, luchado y quién sabe qué cosas más.

El río Záncara era un río relativamente caudaloso en los inviernos, desbordándose con facilidad durante la época de los temporales, y que soportaba relativamente bien los estíos, aun bajando mucho su caudal. Sus aguas eran limpias, aunque estaba, eso sí, lleno de sanguijuelas, y en él, pesque mi primera pieza, curiosamente en el primer intento de mi vida lanzando con cucharilla. De pronto el sedal se agitó; y allí estaba aquel lucio enorme. Fue emocionante y triste a la vez ¡Jamás volví a pescar; y mucho menos a cazar!

*Río Záncara en "la puente Bermeja"*

Jugábamos, nos bañábamos, aprendíamos a fumar ¡Sería cosa de vernos, con once o doce años, y un "celtas" en la boca! ¡Qué atrocidad!

Luego, con el inicio de los setenta ya todo empezó a cambiar. Las aguas comenzaron a bajar sucias y contaminadas, y ya nuestro río dejó de ser tal. Luego murieron miles de patos, y la fauna de sus aguas desapareció. Y nosotros nos quedamos sin río, sin que aquello apenas nos preocupara. Al fin, nos estábamos haciendo "hombres" y ya otras cuitas ocupaban nuestro caletre.

*Y la contaminación de las vinazas llegó al río Záncara*

Los recorridos por el carreterín se acabaron, porque el río nos había dejado de importar. Ya como mucho lo utilizábamos en los tiempos de la vendimia. Luego, ni eso.

Con el río Záncara volví a encontrarme veinte años después. Para entonces ya había llovido todo lo que tenía que llover. Porque del viejo río, ya no quedaba nada. El cauce del Záncara era un desierto continuo de cardos, abrojos, basura y olvido. Era como un arañazo infecto en el terreno: cada día más putrefacto, cada día más purulento. Aún lo cruzaban sus viejos puentes; como puntos de sutura que intentaran cerrar una vieja cicatriz. El cauce del río Záncara ya era cualquier cosa menos el cauce de un río. Y me pregunté entonces qué había pasado.

*Ocaso en las lagunas manchegas*

Y lo que había pasado es que, poco a poco, nos llegó el "progreso". Se instalaron industrias y alcoholeras que vertieron todos sus residuos al río sin ningún miramiento ni rubor. Las poblaciones comenzaron a usar masivamente los detergentes y químicos, mientras la depuración todavía era una quimera de soñadores. Y por último se implementó la gran revolución verde de los cultivos intensivos y del regadío. Se perforaron miles de pozos sobre el Acuífero 23. Y el freático comenzó a descender drásticamente. De modo que el cauce del Záncara y del resto de los ríos quedó colgado, sin soporte hídrico subterráneo. Y lo que antes fueran manantiales, fuentes y rebosaderos, se convirtieron en torcas y colapsos por los que el agua, contaminada o no, según las épocas, percolaba en busca de llenar esos vacíos que provocaban las inmensas extracciones para el regadío. Algo, desde luego, imposible de lograr.

Y así fue como feneció el río Záncara, y el Córcoles, y el Viejo, y el Azuer, y el Gigüela, y la mayor parte de ese gran conjunto lagunar que denominamos Mancha Húmeda. En realidad, un "progreso" que se llevó por delante todo nuestro sistema hídrico ancestral. ¡Una pena!, que diríamos por aquí… Aunque más pena da ver que todavía, todo eso, no nos preocupa, no lo valoramos, ni hemos exigido ningún tipo de responsabilidad. Al contrario, lo seguimos promocionando ¡Alguien da más!

*Lo que es y lo que fue el río Viejo del Guadiana*

# RÉQUIEN POR LAS TABLAS DE DAIMIEL

Cantan los voceros a los cuatro vientos con las Tablas en la boca y la hipocresía en el corazón, solicitando un agua capaz de encharcar ese cadáver ecológico que es en la actualidad el Parque Nacional de las Tablas de Daimiel.

La última vez que lo visité, hace unos meses, tanto mis acompañantes como yo casi fenecemos de insolación; y eso que ya era tiempo de otoño y el sol no calentaba, ni con mucho, a su máximo potencial.

*Desoladora imagen del Parque Nacional de las Tablas de Daimiel*

Hundido en mi introspectivo silencio, paseaba por sus fantasmagóricas pasarelas sin poder evitar retrotraerme en el tiempo y ponerme a pensar. Y recordé, sí, recordé aquella primera vez que las visitara. Corría el mes de junio del año 91, y yo acababa de despertar a la conciencia ecologista de la mano de los sucesos sociales acontecidos por la sobreexplotación del acuífero 23. De modo que embarqué a mi familia en el coche, y nos fuimos a visitar el parque nacional.

Reconozco que nunca antes, en toda mi vida, había sentido preocupación o inquietud por esa naturaleza extrema que me había rodeado siempre, desde que nací. Y que entonces, así de sopetón, comencé a escuchar, una y otra vez, que aquello se acababa irremediablemente, que carecía de solución en aquella tesitura.

De modo que, visitar las Tablas, se había convertido en algo así como una asignatura pendiente: tan cercanas, tan a la vuelta de la esquina… Y sin embargo nunca antes había sabido encontrar el momento oportuno para poderlas visitar. Y entonces decidí hacerlo; en pleno verano y con todo el calor ¡Qué atrevimiento, y qué desconocimiento!

Llegamos al centro de recepción: un impreso abúlico con unos itinerarios a seguir, y la apatía, la soledad y la decadencia del lugar. A los pocos minutos, mis hijos casi se habían deshidratado por el calor: ni un ave, ni una anátida, ni una mínima zona encharcada; solo un cementerio medioambiental.

Regresamos anonadados, casi febriles por la solanera, decepcionados ¿Esto era un Parque Nacional?

*¿Sudán, o Daimiel?*

Pese a todo ello, no me dejé ganar por esa primera impresión. Así que decidí regresar: en otoño, con las primeras lluvias y la temperatura más acorde, buscando la guía y colaboración de un experto conocedor de la zona. Y así fue como comencé a apreciarlas, a través de las explicaciones que me daban, y de unos ojos dispuestos no solo a ver, sino también a apreciar todo lo que había detrás: una extensión de unas dos mil hectáreas plenamente horizontal, que tradicionalmente había permanecido encharcada gracias a los múltiples "ojos" o afloramientos de aguas dulces del acuífero 23, junto con las más salinas que aportaba el río Gigüela, lo que daba lugar a una extensa nava verde de singular belleza e importancia; tanto que, en su contraste con la reseca llanura que la rodeaba, hacía de la zona uno de los humedales más importantes de Europa; de España en particular.

Y me convencí de que aquello era "mi causa", o al menos una parte fundamental de la misma. Desde entonces han transcurrido casi treinta años, y no podría cuantificar el número de acciones en las que participé, organicé o describí, para intentar movilizar y ser parte activa de su recuperación: charlas, visitas a colegios, institutos, universidades; publicaciones, libros, ponencias, jornadas, seminarios, programas institucionales… Treinta años de mi vida dedicados a una causa que, salvo a una minoría concienciada, a nadie más le ha querido importar.

Y ahora estaba de nuevo allí, para constatar nuevamente aquello que viera tanto tiempo atrás: un artificio, un cadáver, un estandarte para mantener oscuros privilegios de unos y otros; instituciones, regantes, privilegiados en suma por las distintas subvenciones medioambientales de la Unión Europea, y toda la desfachatez del mundo para seguir trasladando desde sus voceros la misma manipulada desinformación.

En fin, qué pena me dio. Tan solo me pregunté ¿Tendrá algún día alguien con responsabilidad política, la suficiente vergüenza y dignidad para no seguir engañando a nadie, y hacer lo que hay que hacer?; esto es, descatalogar el parque nacional de las Tablas de Daimiel, y certificar su defunción.

Pues me temo que no; así que nada, sigamos celebrando el día de los humedales, y que viva la desfachatez.

*Bosquecillo de tarayes en las tablas de Daimiel*

*Imagen habitual del Parque Nacional de las Tablas de Daimiel*

# VOLVER A LAS TABLAS

Fue hace tan solo unos días. Quería enseñarles a unos amigos el paraje, el Parque Nacional que durante mucho tiempo ocupara una gran parte de mis cuitas y preocupaciones. Lo tenía bien pensado; una visita al Centro de Interpretación, un paseo por esas rutas y pasarelas, un pequeño descanso en el bosquecillo de tarayes, la contemplación de los masegares, el agua, las anátidas…

Idealicé el paseo quizá porque deseaba olvidar lo mucho que durante estos últimos años me había separado de él. Así que me preparé mentalmente el discurso, las explicaciones que les iba a dar: dos ríos, el Guadiana naciente en sus Ojos, de aguas dulces; el salobre Gigüela, la planicie, los molinos de agua que represaban el caudal, aquellas Tablas que fueron y ya nunca serán como causa y consecuencia de un acuífero esquilmado en aras del "progreso" y la modernidad.

Y las "soluciones" arbitradas: pozos en batería, trasvases desde el acueducto Tajo-Segura, presas "ecológicas" como Puente Navarro, puentes cegados como Molemocho para evitar que el agua encharcada, cuando la hay, corra hacia atrás; y por último esa faraónica obra del tubo Tajo-La Mancha, a fin de conseguir que el agua desviada a golpe de grifo llegara hasta el lugar y no se la tragara el acuífero en su recorrido a través del reseco lecho del Gigüela. En fin, un encharcamiento artificial que aún seguimos manteniendo como parque nacional para vergüenza y oprobio de todo aquello que se precie de llamarse naturaleza y conservación.

*Río Guadiana y molino de Molemocho en Daimiel*

¡Sí!; ese era el discurso que tenía preparado y que sin embargo no les pude contar, anonadado como quedé con la visión que presentaba el parque en el momento de llegar. Porque aquello que tenía ante mis ojos, era cualquier cosa, menos un humedal.

¿Qué hacían por allí centenares de turistas recorriendo con sus correspondientes guías aquel inmenso secarral?

Sentí entonces una enorme desazón, ¿qué les explicarían a sus clientes? ¿Qué les dirían? Porque allí no había nada que ver, nada que observar, nada que sentir, salvo el nefasto silencio de un cementerio ecológico que algún día fue el más importante humedal de este país.

*El río Azuer con agua, casi un milagro y una auténtica excepción*

Abrasaba el sol mientras caminábamos por esas pasarelas rodeadas de carrizos: olía a muerte y putrefacción. Me quedé sin argumentos, no podía ni hablar, nada salía de mi boca ni de mi corazón, salvo pedir disculpas por tamaño desacierto de elección. ¿Cómo era posible? ¿Cómo hemos llegado hasta aquí? —me dije mientras observaba los pívots de riego pululando en derredor—. Luego pensé en la gran estafa que supone para esa multitud de visitantes que, atraídos por los reclamos de la propaganda, hacen centenares de kilómetros para venir a visitar uno de los últimos bastiones de la Mancha Húmeda, y que luego, en realidad, se vienen a encontrar con un desierto en vez de un parque nacional.

Creo que hacía ya tiempo que no había sentido tanta vergüenza ajena. Hasta que luego, al salir, pude ver a devotos representantes de una importantísima ONG medioambiental vendiendo las bondades de esa almacabra a sus potenciales "clientes" … ¿Qué les contarán?

Pues espero que les cuenten la verdad. Total, para lo que queda de sostener el "chollo" … Pues eso, mejor un poco de dignidad.

*Algún día este secarral fue un magnífico humedal*

# RUIDERA: EL COMIENZO

Son muchísimas las páginas que a lo largo de mi vida habré escrito sobre Ruidera. Pienso que no debe quedar faceta ni perspectiva que no haya podido tratar: unas veces para glosarla, otras para denunciar los abusos que sobre el paraje se realizaban; en todo caso siempre con el vivo interés de ayudar a su conservación a través de la información y concienciación.

Reconozco que mi interés por las lagunas de Ruidera fue tardío, que me costó casi medio siglo el poderlas conocer pese a vivir a corta distancia de ellas —unos sesenta kilómetros, aproximadamente—. Pero quizá fue por eso, precisamente, por lo que pudieron pasarme desapercibidas durante mi infancia y adolescencia, porque esa distancia en los atrasados pueblos manchegos de los años sesenta del pasado siglo, era un obstáculo casi imposible de salvar.

De esos pueblos, tuvimos que salir; unos antes, otros después; los unos a trabajar, otros a cumplir las obligaciones militares; algún que otro, los menos, a estudiar. Y así, al fin, del pueblo solo quedaron recuerdos y nostalgias.

Un servidor, con el paso de los años, pudo volver. Creo que fui el único de entre los amigos. Los demás quedaron atrapados en la gran ciudad. Pero para entonces se me había pasado media vida, tenía una familia a mis espaldas y muchas ganas de conocer y averiguar. Fue entonces cuando descubrí Ruidera.

*Ruidera: laguna San Pedro*

Al principio visité las lagunas como una más de los tantos turistas que cada verano invadían el lugar: un excelente sitio de baño, para comer y disfrutar, ¡nada más! De sus problemas, de sus dificultades de gestión, de su entretejido social y ecológico, poco o nada quería saber: Ruidera era tan solo lugar para la diversión y el esparcimiento en mi burda apreciación, y poco o nada me importaba lo demás.

Fue a comienzos de los años noventa, cuando comenzó a cambiar mi apreciación. Por entonces estalló un conflicto social motivado por el agotamiento de los recursos hídricos que albergaba el subsuelo manchego, unos enormes acuíferos que habían sido esquilmados hasta la saciedad. Como resultado, el primer desastre ecológico aconteció en Daimiel: el emblemático parque nacional de Tablas de Daimiel, prácticamente desapareció.

*Ruidera: laguna Batana*

Me interesó esta problemática; al fin yo era sociólogo y ante mí tenía todo un nuevo campo de investigación. Y así dieron comienzo mis primeros viajes de estudio e investigación. Del Acuífero 23 al 24; de las Tablas de Daimiel a Ruidera. Y entre ambos parajes pronto descubrí que mediaba el abismo que separa la agonía de la resurrección; la vida y la muerte: como enfermo terminal eran las Tablas; esperanza de resurrección y vida era Ruidera.

Siguieron tiempos de estudio y lectura: horas y horas dedicadas a la investigación a fin de conocer bien esta tierra y la problemática social y ecológica que le acontecía. Y así me llené como de una sorda desesperación ¡Estaba tan claro el problema! ¿Por qué no le veían? ¿Por qué no se quería actuar? Mientras tanto, Daimiel se moría, pero Ruidera aguantaba; estaba ahí, resistiendo a pesar de los pesares de tanto maltrato y destrucción.

Me pregunté entonces qué podía hacer. Así que me respondí que lo yo podía hacer era lo único que sabía ¡Escribir! De modo que comencé a publicar en periódicos y revistas; interpelaba a las autoridades, interponía denuncias. Y así fue como de pronto y sin pretenderlo me vi calificado de ecologista ¡Ecologista yo, que nunca había sentido el más mínimo interés por la cuestión! Pero, ¿por qué no? Llegué a fundar una asociación ecologista y me dejé arrastrar por su dinámica. Así que con el paso de los años conocí a otras muchas gentes que también compartían esa preocupación: científicos, vecinos comprometidos tanto en Ruidera como en los pueblos de alrededor.

Y así he llegado hasta hoy, con la enorme alegría de ver como lentamente han ido cambiando las ideas y posicionamientos hasta el punto de haber logrado que Ruidera, hoy, sea un lugar algo mejor. Y aunque soy consciente de que todavía no se han superado todos los problemas existentes, estamos en el buen camino de considerar que Ruidera constituye un espléndido patrimonio natural que tenemos que proteger.

*Ruidera: laguna Batana*

*Camino de Ruidera: castillo de Peñarroya*

# RUIDERA: DECÍAMOS AYER

Como decíamos ayer, rememorando a Fray Luis de León y Miguel de Unamuno, fue en un salón abarrotado de agricultores, donde yo tomé conciencia, por primera vez, de que por el parque natural de Ruidera valía la pena luchar. Y tengo que decir, que esta es una convicción que me ha acompañado desde entonces, y que aún hoy, pasados los años y desgastadas las fuerzas, todavía la mantengo como verdadero valor: por Ruidera, vale la pena luchar.

Porque Ruidera es uno de esos regalos que todo amante de la naturaleza se debería hacer alguna vez. Pero para ello resulta condición *sine qua non* conocer el parque natural. Y digo conocer, que no solamente visitar. Porque eso era, precisamente, lo que yo me había limitado a hacer: visitar Ruidera en plan dominguero, un sitio fantástico para bañarse, comer, y poco más.

*Ruidera: laguna Colgada*

Luego algo cambió en mi interior. Encontré a gentes estupendas que amaban y conocían el paraje con gran intensidad. Unos, como meros aficionados a recorrer sus caminos y paisajes; otros, como investigadores científicos que habían dedicado gran parte de sus pesquisas a estudiar y analizar las peculiaridades del agua y los terrenos, así como muchos otros problemas que amenazaban su continuidad. Conocí también, cómo no, a funcionarios, con más o menos responsabilidad en su quehacer diario, que estaban hondamente preocupados por las dificultades administrativas y políticas que les impedían actuar con total libertad.

También supe de profesores, amantes de Ruidera, que aprovechaban cualquier ocasión para compartir con sus alumnos las maravillas del lugar. Y, por último, tuve la fortuna de contactar con un hombre sincero, natural y vecino de Ruidera, Salvador Jiménez, que pese a sus muchos recelos conmigo, con el paso de los años me compartiría muchas de sus cuitas y fobias, además de su saber. Siempre se lo agradeceré.

Y con todo ese bagaje, llené al completo mi mochila de esperanzas, la cargué sobre mis hombros, y me eché a recorrer el largo camino de esa pequeña "causa" que yo había querido escoger.

Recuerdo que entonces paseaba mucho por Ruidera: unas veces solo, otras, acompañado. Pero siempre disfruté mucho más las salidas que hacía en soledad. Porque me gustaba ir trasladando a mi grabadora y a mi libreta de notas las sensaciones que sentía, circunstancia que me permitía estar mucho más despierto a todo aquello que me rodeaba.

*El autor en plena toma de impresiones y notas*

Las lagunas las visitaba en todo momento y en todas las estaciones. Aunque me gustaban, especialmente, en otoño y en invierno. Porque podía vivirlas en mayor soledad, alejadas de la invasión de turistas de primaveras y veranos. Y así fue como fui descubriendo Ruidera; pateándola, leyendo, investigando, escuchando durante horas y horas a todos aquellos que, de una u otra forma, habían mantenido o seguían manteniendo con Ruidera una especial relación.

De este modo, pronto pude darme cuenta de que, a diferencia de lo que ocurría en las zonas húmedas situadas sobre el acuífero 23, la peculiar geología del acuífero 24, así como la diferente configuración del parcelario agrícola del Campo de Montiel, hacían posible una actuación administrativa rápida, que debía consistir en una ordenación adecuada de las extracciones de aguas subterráneas; lo que posibilitaría, a su vez, una recuperación hídrica total del parque natural ¡Ruidera no era Daimiel! Y sobre Ruidera —pensé—, tendría que dirigir todos mis esfuerzos y dedicación.

Pero en realidad no había descubierto nada que no supieran ya, funcionarios, científicos y ecologistas. Lo que sí había descubierto, además del problema, es que éste resultaba relativamente fácil de atajar. Pero también tomé conciencia de que nadie con poder, ni administración, ni lobbies, ni políticos, ni vecinos, iban a permitir que allí se cambiara un ápice del estatus tradicional. Y que, por tanto, resultaría necesario cambiar las estrategias de presión social. Eso si queríamos obtener un resultado diferente al conseguido hasta ese concreto momento.

Recuerdo que me gustaba subir hasta los oteros, sentarme en su cima, y allí, con los ojos semicerrados, podía pasarme horas observando el horizonte, escribiendo mis impresiones, y planeando qué acciones se podían hacer. Eran momentos en los que me sentía en paz conmigo y mis recuerdos.

*Lagunas Conceja y Tomilla desde el cerro de La Morra*

Y recordaba aquellos primeros momentos en los que todo comenzó. Eran los primeros días del mes de agosto de 1991, y en ese mes, en la Mancha, el sol, cual bola de fuego, abrasa y calcina los desagradecidos predios. Había ido con mi hijo a ver los ríos de la zona. Corría el sudor por nuestras frentes, saladas gotas que caían hasta nuestros ojos haciéndonos parpadear con su escozor; las camisetas empapadas. Pero los ríos solo eran cauces llenos de abrojos, basura y olvido. Bajamos hasta la vieja "madre del río", y allí, faltos de cualquier atisbo de brisa, casi asfixiados de calor, sentí la voz de mi pequeño que me decía: "Papá, aquí hace mucho calor y huele mal".

*Aquel abrasador verano de 1991*

¿Cómo explicarle que aquel mismo río en el que ahora nos asfixiábamos, yo me bañaba con alegría y buen humor? ¿Cómo explicarle que allí pesqué mis primeros lucios? ¿Cómo decirle que aquellas escapadas con los amigos fueron nuestros primeros atisbos de rebeldía y liberación?

Después, cuando regresábamos, observé las ruinas junto al río de aquella vieja majada, con su alberca y su molineta, donde íbamos a comer con la familia en los veranos. Y recordé aquellos tiempos de pastores y vaqueros, refugiados al amor de la lumbre en aquellos otoñales temporales que hacían crecer los ríos e inundar las vegas ¡Había pasado tanto tiempo! La nostalgia me invadía, y a duras penas contenía unas lágrimas que no quería que mi hijo pudiera ver.

Y me sorprendí acongojado de nostalgia en lo alto de aquel cerro, al pairo de las lagunas de Ruidera. Suaves lágrimas, como besana, surcaban mis mejillas.

*Cuando todo despertó en mi conciencia*

*Ruidera: río Alarconcillo*

# RUIDERA: LA MEDIA VERDAD

A Ruidera regresaba siempre que podía, enamorado de un paraje que me había conquistado a medida que lo iba conociendo. De modo que dedicaba mucho de mi tiempo libre a visitarlo. No necesitaba excusa alguna: simplemente cogía mi blog de notas y mis cámaras, y me plantaba allí; como lobo solitario queriendo entenderlo bien. Eran horas y horas de largas caminatas por senderos y vericuetos en busca de interpretar ese libro conformado por historias y sentimientos. Y de este modo pude llegar a entender bien las distintas "Ruideras" que se pueden conocer: la arqueológica, la histórica, la de la naturaleza, la social y etnográfica, la política y cultural; además, claro está, de la que yo podía apreciar de forma subjetiva y personal. Todas y cada una de ellas me resultaban de un especial interés, pues todas tenían su propio aquél, su propia idiosincrasia que yo descubría a través de ese continuo cronológico que conformaba el paso del tiempo en su propio acontecer.

Había elevado a condición de premisa básica la cuestión de que conocer Ruidera no consistía solo en visitarla: había que aprender sobre ella. Pero una vez que se conociera el parque natural, lo que había que hacer era visitarlo continuamente a fin de seguir su evolución, de ser testigo presencial de los aciertos o desmanes que pudieran acontecer en su gestión. De modo que volvía, una y otra vez. Me planeaba rutas que luego recorría tomando notas y fotografías que servían para ir llenando las páginas de aquel diario personal que un buen día comencé: páginas que ahora, al releerlas, todavía me llenan de emoción:

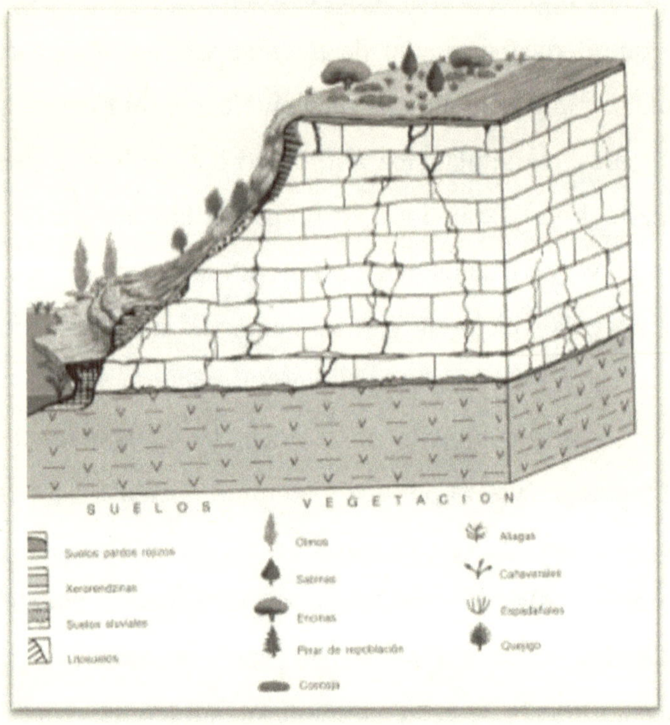


*Corte esquemático del Acuífero 24*

*"Tras la reunión convocada por la Coordinadora 0, he pasado los siguientes días recopilando información a fin de conocer mejor los postulados que defienden, pero, sobre todo, en un intento de conocer bien qué es lo que está pasando en el parque de Ruidera, y por extensión, en todo el Campo de Montiel".*

La "guerra del agua" en la altiplanicie se inició, fundamentalmente, en la cabecera de las lagunas. Los propietarios de las grandes fincas iniciaron una especie de movimiento estratégico dirigido a posicionarse ante la Administración, y qué mejor para ello, que cuestionar la declaración de sobreexplotación del acuífero 24. De modo que encargaron la realización de un informe científico a un hidrogeólogo valenciano, que llegó a sostener que el mencionado acuífero —manantial de las lagunas de Ruidera, y nacimiento de los ríos Azuer y Jabalón— no estaba sobreexplotado, cuestionando, directamente, a las autoridades y Administración que, desde 1988, lo había declarado en situación de sobreexplotación. Se basó para ello en una simple operación matemática: si los recursos renovables anuales del Acuífero 24, se cuantificaban en ciento treinta y cinco hectómetros cúbicos, la extracción de treinta y cinco en la cabecera de las lagunas no podía suponer ninguna sobreexplotación.

Nunca me quedó tan claro como entonces, cómo se puede manipular la realidad utilizando medias verdades, porque entonces todavía no se conocía el mundo de las redes sociales, ni la desinformación, ni las *fake-news*, pero eso era lo que se estaba haciendo utilizando los medios tradicionales de comunicación. Porque para entonces ya había estudiado los suficientes informes científicos, especialmente los del IGME, como para conocer que el Acuífero 24 estaba compartimentado, de forma que sus extracciones, concentradas en una determinada zona, no incidían sobre todo el acuífero, sino sobre el compartimento hidrogeológico sobre el que se asentaban. Y el de cabecera de las lagunas, tenía unos recursos renovables de treinta y seis hectómetros cúbicos, de los que se estaban extrayendo, treinta y cinco. Es decir, que lo habían secado, prácticamente, en su totalidad.

*Diaclasas en el Acuífero 24*

Y el resultado estaba allí: desparecieron todos los cursos superficiales y manantiales de cabecera, además de las lagunas de La Taza y La Nava. La Blanca se había secado; se habían interrumpido todas las comunicaciones superficiales, y los descensos hídricos en las lagunas altas eran más que notables, llegando a secarse la Redondilla en un tiempo posterior. Y esto no obedecía a ningún ciclo natural, sino a la realidad añadida de la sobreexplotación de las aguas subterráneas. Así que había que actuar rápido y se actuó. La guerra del agua acababa de comenzar en los Campos de Montiel.

*Hinojo*

*Ruidera: lagunas Redondilla y Batana*

# RUIDERA: LA DEFORESTACIÓN

En realidad, el inicio de la "guerra del agua" en la altiplanicie del Campo de Montiel se inició cuando todavía estaba lejana la declaración oficial de sobreexplotación del acuífero 24, que como ya indicábamos en el anterior capítulo, se realizó en 1988. Porque en junio de 1985, un buldócer de flecos entró en las fincas "Loma pajarera" y "Tajoneras", en el término municipal de Villahermosa, comenzando a realizar un masivo desmonte forestal de enormes sabinas, una especie arbórea protegida por el ICONA que estaba prohibido arrancar. Pero por entonces importaban poco esas iniciales medidas de protección de la naturaleza. Allí de lo que se trataba era de deforestar algo más de doscientas hectáreas de sabinares, para roturar los terrenos, realizar los sondeos pertinentes, instalar diez grandes pívots, y ponerse a regar.

La propietaria de las fincas, era una empresa valenciana —Serragro, S.A.—, que las había comprado a bajo precio con el fin de transformarlas en regadíos para cultivar maíz. Y ante ello, ni se iban a parar por unas laxas medidas de protección ambiental, ni se iban a preocupar por realizar ningún estudio previo de cuáles eran los recursos hídricos que se podían utilizar, ni mucho menos, qué impacto podrían tener esas extracciones masivas en el Medio; sobre todo en el parque natural de las Lagunas de Ruidera. Al fin, qué podía importar a una especuladora tendencia de intensificación agraria y masificación de beneficios, cuatro "arbolitos" y unas cuantas lagunas más.

Pero a esta destrucción no resultaron ajenos los vecinos lugareños, que por cuatro jornales se sumaron con entusiasmo a la labor de depredación, aportando sus tractores y camiones, amén de motosierras y toda la mano de obra necesaria para que las fincas fueran puestas inmediatamente en producción. Pero era "el progreso". Y el progreso les daba jornales.

*Deforestación en la altiplanicie de Montiel*

Tras ese pistoletazo de salida, ya todas las grandes fincas de la cabecera de Ruidera, quisieron entrar al reparto del botín. A la altura de 1988, se había roturado y puesto en producción más de cinco mil quinientas hectáreas de antiguos y maravillosos sabinares y encinares ¡Qué otra cosa cabía hacer!

Y escribir estas viejas cosas sobre Ruidera me evocan muchísimas nostalgias; no todas buenas; precisamente. Fueron muchos los momentos de bajón, de ganas de renunciar a todo. Pero cuando peor me sentía, siempre volvía a hacer lo mismo: cogía mi coche, mi grabadora y mis cámaras, y me acercaba a recorrer esos caminos y senderos de Ruidera que tanto me enamoraban y sugerían. Contemplaba las aguas en su gélida quietud, porque siempre viajaba durante el otoño y el invierno, cuando sabía el parque prácticamente vacío y lo sentía en exclusiva para mí.

*Manantial de las Hazadillas*

Recuerdo aquella gélida mañana invernal. Caminaba rápido en un intento de recuperar calor en base al ejercicio de andar. Romeros e higueras flanqueaban el camino que cruzaba el travertino, polvo calizo en su superficie para indicarme la fragilidad de las barreras y la facilidad de destrucción con solo la acción de pisar sobre ellas: retamas y sabinas al inicio de ese camino de las Hazadillas. Porque aquel día quería llegar hasta el mismísimo manantial.

A medida que avanzaba, el sotobosque me envolvía; a un lado el monte, al otro la laguna. Y entre medias, el verde sendero para caminar: un auténtico privilegio para gozar de un tiempo de quietud entre enebros, chaparros y coscojas.

Y me puse a pensar en por qué había elegido hacer esta tarea en mi vida. Y creo que lo hice porque buscaba con ansiedad cambiar mis comportamientos en aras de mejorar mi propia felicidad. Porque para entonces ya estaba convencido de que ese camino que había seguido anteriormente, de esfuerzo permanente, de vanidades en pos de reconocimientos y triunfos que nunca llegaban, me habían conducido a un estado de rabia e infelicidad permanente. Y ya no quería seguir así, centrándome en mi sola persona, en mí solo egoísmo de querer subir para alcanzar … Pero alcanzar, ¡qué!...

Me había equivocado, sin duda. Así que quería hacer algo centrado en los demás; tener un nuevo propósito que orientara mi vida. Y en Ruidera lo encontré.

*Afloramientos rocosos altiplanicie de Montiel*

*¡Esos caminos de Ruidera!*

# RUIDERA: LA MOVILIZACIÓN

El mimético acto de deforestar para transformar grandes extensiones de encinares y sabinares, en intensivas explotaciones agrarias de regadío, pronto se extendería al resto de los predios del Campo de Montiel. En Villanueva de la Fuente, de modo inmediato a que se pusiera en producción la finca "El cuartico" con la perforación de varios sondeos de más de ciento cincuenta metros, los niveles del freático comenzaron a bajar. En consecuencia, los manantiales y fuentes tradicionales de Villanueva se secaron en su totalidad. Y el asunto pasó a convertirse en un problema público imposible de soslayar.

*En el cerro del Almorchón*

En el verano de 1987, el Ayuntamiento de Villanueva exigió a las autoridades el cierre administrativo de los pozos. Se convocó una manifestación ciudadana para el día 8 de agosto; pero, aun así, la Administración no respondió. Y las cosas se "salieron de madre": unos días después, una manifestación incontrolada derribó las columnas del tendido eléctrico que alimentaba las bombas y pívots del "Cuartico". La respuesta oficial fue el envío de los antidisturbios de la Guardia Civil: ¡La Guardia Civil enfrentada a campesinos y jornaleros! Era algo inusitado en un medio rural tan apartado.

Sin embargo, los enfrentamientos se produjeron, lo que obligó al Gobierno Civil a suspender la reposición de los postes de forma cautelar.

Lo cierto fue que, solo cuando faltó el agua para beber, la población se involucró. Y ya el asunto no tuvo vuelta atrás. Se sucedieron unos meses de luchas, enfrentamientos, tensiones, detenciones… Hasta que, en abril de 1988, el Gobierno promulgó el RD 393/88 por el que se declaraba provisionalmente sobreexplotado el acuífero 24 del Campo de Montiel. Un año después se publicaría la declaración oficial de sobreexplotación.

Con ello pareció que, al proteger oficialmente el acuífero, auténtico soporte hídrico del parque natural, había cambiado el marco, y ahora sí, ahora Ruidera había entrado de lleno en el plano del cuidado y la conservación medioambiental.

*Asistiendo a las explicaciones sobre los grabados de la laguna Tinaja*

Pero no fue así. De nuevo la realidad se mostraba más tozuda que la legalidad impresa sobre el papel. Porque los incumplimientos masivos de los regímenes de explotación, por parte de los grandes propietarios, fueron la moneda de cambio habitual: se inutilizaban los caudalímetros, se impedía el paso a los guardas de la Confederación, se seguía regando a mansalva, y allí no había poder administrativo ni fuerza pública capaz de poner orden a la cuestión ¿Hasta cuándo? Hasta que unas reformas de la PAC permitieron que llegaran dineros desde Europa, hasta las manos de estos terratenientes a cambio de dejar de regar. Y así ha venido siendo, de una u otra forma, hasta hoy. En realidad, de nuevo los poderosos del agro habían ganado el tirón: fondos europeos directos a sus bolsillos, a cambio de menos hospitales, menos infraestructuras, menos desarrollo rural, y un "as" siempre en su manga: la amenaza de volver a regar en cuanto faltara la subvención.

Meditaba estos recuerdos durante aquel día que caminaba hacia las Hazadillas. Allí, pasmado frente al burbujear del agua limpia y clara, no podía dejar de pensar en ello; al igual que no podía dejar de pensar en que siempre, desde los liberales tiempos de las desamortizaciones por el Estado, la gran propiedad fue el Leviatán de Ruidera; su gran amenaza, el caballo de Atila sobre aquel medio social: vidas lúgubres y miserables, siempre mendigando un jornal, caza y pesca furtiva para poder acompañar con "algo" un mendrugo de pan. Y entre medias: esparto y tomiza para las mujeres. Y penar y penar: ¿Cómo no va a ser Ruidera y sus gentes como son?; si solo la llegada de la invasión masiva del turismo les salvó de esa situación. Aunque, ¿realmente les salvó?...

# RUIDERA: LA PROPIEDAD

Comprendo que estas brevísimas colaboraciones sobre Ruidera no constituyen lo habitual; quiero decir, que no es lo que de forma tradicional se suele escribir cuando se hace cualquier glosa o artículo sobre el parque natural. Porque lo normal es escribir para ensalzar aquel referente del que se escribe, no para denostarlo, o para airear los problemas que pueda tener. Pero lo hago en el convencimiento absoluto de que todos los valores positivos del parque son ensalzados cada día, de las más variadas formas que podamos pensar. Y ello no significa, precisamente, que eso ayude a conservarlo o a mejorar su gestión; si acaso, al contrario, tan solo sirve para atraer más y más visitantes, lo que conlleva más y más destrucción.

Porque del Parque, ya lo he dicho en otras ocasiones, son muchísimos los que conocen su belleza y sus encantos naturales; pero son pocos, poquísimos, los que conocen su esencia y su ser.

Ruidera, a lo largo del tiempo, fue conformada por la acción de los elementos naturales, qué duda cabe, pero también por la acción del hombre sobre el Medio. Y como esta última es la más desconocida, pese a ser la que más ha influido sobre su amplia transformación, hora es de que escribamos sobre ella, pese a conocer que muchas de las cosas que reflejaremos no gustarán, o no gustarán a todo el mundo. Pero aquí debo decir que me voy a decantar por usar algunos de los principios filosóficos de los que usaba la escuela cínica, sobre todo aquel de expresar las cosas como las sentimos sin necesidad de guardar respeto por la forma social; es decir, que en este caso propongo, sencillamente, pasarme aquello de lo "políticamente correcto" por el "arco del triunfo", para expresar, simple y claramente, cuál es mi opinión sobre el tema; eso sí, opinión contrastada después de muchos años de investigación.

*Uso y abuso de la propiedad privada en Ruidera*

Y así, como quiera que ya aclaráramos anteriormente, cuál fue el comienzo de la destrucción ecológica de Ruidera, y cómo la movilización ciudadana incidió en que se declarara tempranamente la sobreexplotación del acuífero 24, hoy vamos a razonar la otra afirmación que hacía en el capítulo anterior: que la gran propiedad siempre fue el Leviatán de Ruidera, su gran amenaza, el caballo de Atila sobre aquel medio social.

La historia comenzó en los ya lejanos tiempos de comienzos del siglo XIX, cuando en plena ocupación francesa, el "rey intruso", José I, incautó los bienes de las Órdenes de Calatrava y Santiago, para dotar económica y patrimonialmente a la Real Orden de España —un ente creado para beneficio propio y de los leales al régimen—. De este modo, las lagunas, Tinaja, Redondilla Lengua, Salvadora, Ibáñez (actual Santos Morcillo), Berruecosa (actual Batana) y mitad de la Colgada, quedaron incorporadas a la Real Orden de España, y por tanto al patrimonio real.

Posteriormente, y durante el denominado "Trienio liberal", se inició una acción desamortizadora, gracias a la cual, en 1821, don Diego Tomás de Ballesteros, adquirió el lote "Lagunas de Ruidera" por compra al Estado.

De igual manera, en virtud de la Ley de Desamortización, de 2 de septiembre de 1841, el Estado poseía, procedente de la Orden de San Juan, una finca que incluía varias lagunas de Ruidera.

Sacada a subasta, la compró don Pascual Aparicio Sánchez. Posteriormente, la finca sufrió diferentes ventas y transacciones, hasta llegar a las manos de don Antonio García Noblejas, que inscribió a su nombre, en 1898, el "Coto de Ruidera", que integraba dentro del mismo, parte de la laguna Colgada, la del Rey, la Morenilla y parte de la Coladilla.

*Perforación de los travertinos para realizar accesos privados hasta el agua*

Así, pues, por obra y gracia de la más rancia tradición liberal, y bajo los argumentos del Derecho y del principio jurídico de la propiedad, las lagunas de Ruidera, desde entonces, y a pesar de todos los cambios producidos por enajenaciones y herencias, son propiedad privada protegida legítimamente por el entramado legal.

¿Y esto qué ha posibilitado, a lo largo de siglo y medio de uso de la propiedad privada? Pues mucho caciquismo, violencia, miseria jornalera, subordinación vejatoria, furtivismo, temor a los guardas privados, y auténtico terror a la Guardia Civil; además de todo tipo de actuaciones sobre las lagunas y travertinos que cambiaron toda la faz del parque natural.

*Acceso particular hasta la laguna*

Y la única posibilidad para aquellos miserables jornaleros de intentar salir de tanta pobreza y miseria, llegó de la mano de la muy odiosa emigración. Ese ha sido el panorama social de Ruidera, hasta prácticamente finales de los años sesenta del pasado siglo, en los que algo comenzó a cambiar con la llegada de los primeros turistas.

Pero por hoy pienso que ya es suficiente. Continuaremos en otra próxima entrega, porque lo que aconteció después, para el parque natural, fue mucho peor.

*Ruidera: Chorro de las Minas*

# RUIDERA: LAS SENTENCIAS

Bien, pues si en la colaboración anterior dejábamos suficientemente claro que el parque natural de Ruidera, en su mayor parte, y aún hoy, en la actualidad, es una propiedad privada, con lo que ello conlleva de limitaciones en su uso público y ordenación de la gestión, la pregunta que ahora nos deberíamos responder, sería: ¿Es posible revertir al dominio público esa propiedad privada?; y si no lo fuera ¿Pueden establecer límites en el uso de la propiedad privada? Dos cuestiones diferentes que bien merecen un análisis aislado y particular.

Comencemos, pues, por la primera de estas cuestiones: ¿Es posible revertir al dominio público la propiedad del agua? Tema, esté, que ya se resolvió a través de sucesivas instancias y sentencias judiciales.

La historia comenzó el 31 de julio de 1991, cuando la abogacía del Estado promovió un expediente declarativo de dominio público para las lagunas de Ruidera, contra los propietarios de las mismas. El procedimiento concluyó el 27 de marzo de 2002, tras casi doce años de espera, refutando las tesis del abogado del Estado y declarando privadas las lagunas que figuraban inscritas por particulares en el Registro de la Propiedad.

La sentencia sería recurrida ante la Audiencia Provincial, que el día 6 de noviembre de 2003, falló sentencia por la que declaraba, revocando la anterior del Juzgado 1 de Ciudad Real, que las lagunas de Ruidera constituían un bien público perteneciente al Estado, integrando en el dominio público hidráulico las aguas situadas en las lagunas de Ruidera y su curso de comunicación, entendiendo que formaban parte del río Guadiana Alto.

*Cosas de "la propiedad" privada en Ruidera*

¿Qué había ocurrido para semejante giro judicial? Pues, fundamentalmente, que esta vez, tanto el abogado del Estado, como el de la Junta de Comunidades, habían sido magníficamente asesorados desde criterios conservacionistas y del derecho de aguas, nacional y comunitario. Una labor que desarrolló, calladamente, pero con enorme tenacidad, el ex comisario de aguas, y funcionario de Confederación, don José Ramón Aragón; un hombre al que nunca se le reconoció esta labor. Sirvan, por tanto, estas letras como reconocimiento y agradecimiento a su perseverancia y a su formidable sentido ético, profesional y social.

*De "ara" paleocristiana a barbacoa actual*

Pero todavía esta sentencia de la Audiencia Provincial de Ciudad Real, volvería a ser recurrida por la propiedad privada ante el Tribunal Supremo, que el 9 de junio de 2009, declaró improcedentes todos los recursos de la propiedad privada, ratificando, por tanto, la sentencia declarativa de dominio público de las lagunas de Ruidera.

En resumen, que, tras dieciocho años de litigios judiciales, el dominio hidráulico de las lagunas de Ruidera, fue declarado público, propiedad, por tanto, del Estado, y por ende, de todos los españoles.

Luego entonces, resultó que sí, que fue posible revertir al dominio público la propiedad de las aguas. Lo siguiente a realizar por la administración del Estado —gestora del dominio público hidráulico— tenía que ser, necesariamente, pasar a efectuar un deslinde del dominio público, algo que hasta hoy, once años después, no se ha realizado. Y cabría preguntarse ¿Por qué?

Yo no soy conocedor de las razones administrativas y políticas que han incidido en el hecho de que no se haya realizado ese deslinde público. Supongo que serán varias y poderosas. Pero una razón de peso, sí que se me viene a la cabeza: si tras ese deslinde público resultara que bienes inmuebles o de otro tipo de propiedad particular se encontraran incluidos en ellos, el Estado tendría que indemnizar por su valor a sus legítimos propietarios.

Una operación financiera multimillonaria que el Estado no puede afrontar.

De modo que aquí estamos, con el agua declarada dominio público, y la propiedad privada sacando continua "tajá". Situación absurda y rocambolesca donde las haya. Pero esta es la realidad… ¡Qué pena, de verdad!

*Vertidos de pintura sobre el travertino*

*Ruidera: barreras de borde laguna La Lengua*

# RUIDERA: EL PREGÓN

Debo reconocer que cuando decidí volver a escribir sobre estos temas de ecología de las comarcas manchegas, lo único que me animaba, además del gusto de escribir sobre aquello de lo que uno ha aprendido, era intentar transmitir algo de conocimiento sobre la razón de ser de estos parajes; cultura ecológica al fin. Y ello porque la literatura la entiendo como herramienta de cultura y difusión: es decir, como medio de enriquecimiento personal, tanto para el que escribe, como para el que lee.

Lo que no imaginaba era que estos post iban a levantar polémicas y desacuerdos rayanos en el conflicto inter personal, algo que, ni por asomo, pretendo crear, fomentar, ni mucho menos alimentar entrando en una espiral de comentarios y respuestas a las diversas opiniones. Y ello, no solo porque no me apetezca, me canse o aburra; sino porque, en esto como en otras cosas, cada cual tiene su verdad —tan legítima como cualquier otra—, y ya tengo la suficiente experiencia como para conocer que no hay camino que pueda acercar a dos mentes separadas. Así que ya indico de antemano, que si hasta el momento, aun mínimamente, he podido cometer la torpeza de "entrar al trapo" de responder, esto es algo que no volverá a ocurrir, se interprete como se interprete, aún a riesgo de que se considere pura prepotencia y vanidad. Hablo y escribo sobre mi propia experiencia y las conclusiones a las que esta me ha hecho llegar.

No vendo, por tanto, ni reparto "verdades", ni busco aclamaciones, ni un círculo de afines a mis ideas y convicciones, solo comparto conocimiento, aunque ello implique el sesgo de la subjetividad. Pero como considero que los lectores de estos artículos están lo suficientemente formados, y manejan con claridad su propio juicio crítico; pues eso, discrepen, manifiesten sus posturas, difundan sus ideas y pensamientos; pero eso sí, háganlo desde su propia actividad literaria, porque mi blog personal no es el adecuado lugar. Pueden leerlo, o no; esa es su elección, pero no lo convertiré en un lugar de discrepancia, conflicto y discusión.

Y aclaradas estas cuestiones, hoy pretendo escribir sobre algo que, anecdóticamente, me ocurrió en la población de Ruidera.

*Alameda de Cervera: puente del Rey*

Corría el año 2006, y para entonces ya me había convertido en un elemento lo suficientemente ingrato para que mi presencia no fuera del agrado de algunos elementos de los que se piensan "ser algo" por allí. Por supuesto, no del conjunto de la población, que, ni me conocían, ni les importaba un pimiento quien pudiera ser yo. Pero si, en cambio, era bastante molesto para una importante parte de los miembros de la Junta Rectora del Parque, además de para la alcaldía y parte de la corporación. Y, sin embargo, una mañana recibí una llamada del alcalde de Ruidera invitándome a ser el pregonero de las fiestas de la localidad. Y la verdad es que quedé tan aturdido por lo inesperado del asunto que no acerté a decir que no.

La cosa, como no podía ser de otra manera, termino mal: me presenté en la localidad a eso de las diez de la noche del día del pregón, sin que se dignase a recibirme ni un triste concejal. Al final, me acompaño un conserje hasta un estrado situado en la plaza, donde leí un pregón en presencia de cuatro chiquillos que jugaban al balón: ningún público asistente, ninguna autoridad municipal, y por faltar, ni siquiera los amigos que supuestamente tenía por allí.

Terminé de leer unos tristes folios, y con la cabeza gacha y el corazón herido por haber sometido a mi familia a semejante oprobio, nos volvimos por donde habíamos venido, sin una despedida, sin un agradecimiento, y sin nada que de la buena educación y cortesía hubiera cabido esperar.

Pero no escribo esto porque guarde rencor, o porque ello, con el paso del tiempo, haya quedado enquistado en mi corazón. Lo escribo porque aquellos folios exponían con todo detalle por qué había llegado hasta allí, y cuáles eran los valores que defendía yo.

*El autor durante sus caminatas*

Y ahora, al releerlos, no puedo menos que asombrarme de aquella ingenua pasión que me poseyó hasta convertirse en el eje de mi vida.

Comenzaba hablando de la dureza de la vida en los pueblos de la Mancha, allá por los años sesenta; de lo difícil de sobrevivir en estos pueblos rurales donde todo era sufrimiento, miseria y desesperación. De la necesidad de partir: los unos al extranjero, los otros en busca de mejorar en los polos industriales, o a cumplir el servicio militar. Algunos, los menos, la hacían para estudiar.

Contaba como fui de los que tuvo la suerte de regresar; de cómo me sorprendieron los problemas sociales derivados de la "guerra del agua", primero en el acuífero 23, en los Campos de San Juan; y posteriormente en el acuífero 24, en el Campo de Montiel. Y cómo, sin apenas darme cuenta, me involucré en la defensa de un Medio Ambiente que nunca antes me preocupó. Y comencé a hacer lo único que sabía: escribir. Y así, de pronto, me vi calificado de ecologista; yo, que nunca antes había tenido el más mínimo interés en la cuestión.

Desde que aquello comenzó, hasta ahora, han pasado más treinta años, la mitad de mi vida. Y he vivido momentos buenos y malos, como todos en la vida. Lo peor, quizá, ha sido ver que en todos estos años nada cambió, que todo sigue igual, y que cada parte mantiene sus posiciones numantinas, como si fueran el muro de las lamentaciones, que permanece inamovible tras más de dos mil años. Y por supuesto, además, el grave y durísimo desgaste personal.

Espero que después de estas aclaraciones se pueda comprender mejor por qué no quiero entrar en ningún tipo de nuevo conflicto, ni discusión. Incluso hasta dudo del valor de estas colaboraciones, de si conducen a alguna parte, y si merece la pena seguir con su continuidad.

*Puente de Buenavista sobre el río Gigüela*

# RUIDERA: EL CONFLICTO

Yo fui descubriendo Ruidera poco a poco, con mucho estudio, mucho trabajo y esfuerzo, y con mucha pasión, también. Pero, sobre todo, yo he conocido Ruidera de la mano de ciertas personas: unos, políticos más o menos encumbrados; otros, científicos estudiosos del parque natural; también funcionarios de mayor o menor rango con el denominador común de creer en su trabajo y en lo que estaban haciendo; ecologistas de una u otra tendencia, periodistas, editores especializados; y sobre todo, de mano de algunas personas, mucho más sencillas y anónimas, pero que, curiosamente, fueron las que más se esforzaron por transmitirme su sentir.

De modo que puedo decir que, mi idea y posicionamiento sobre Ruidera, se ha nutrido de visiones y conocimientos desde todos los ángulos; es decir, he vivido los conflictos que la acosan, los he compartido, he participado en ellos, he mantenido posicionamientos radicales que solo conducían al enfrentamiento; hasta que al final, con el transcurso del tiempo, comprendí que no es esa la forma adecuada, que existía un claro conflicto de intereses, y que la única forma de transformarlo era aceptar que el diálogo era imprescindible, y que éste tenía que ser positivo. Porque diálogo habíamos tenido, claro está, pero siempre de forma negativa, y por tanto destructiva.

Reconozco que tardé mucho en llegar a comprender que el conflicto supone, en realidad, una auténtica oportunidad, porque nos ayuda a pararnos a evaluar las situaciones, a reemprender el camino en otras direcciones; que todo conflicto puede suponer una fuente de innovación y cambio.

*Ruidera: colector central hidroeléctrica de Santa Elena*

Llegué a esa convicción, sí, pero también llegué a la conclusión de que había mucho de teórico, por no decir de ingenuo, en esta convicción. Porque, en realidad, debo decir, y ello con todo mi pesar, que nunca he conocido a nadie incurso en este conflicto que en realidad quisiera cambiar en sus posiciones y planteamientos, fuera cual fuera su condición social o su puesto institucional.

Por eso pienso, estoy convencido de ello, que el problema de Ruidera es irresoluble, porque en este conflicto nadie reconoce al otro, nadie valora al contrario, y por tanto solo sabemos ver amenazas, despreciando cuanto se puede aprender y sacar de bueno. No escuchamos, quizá porque no sabemos. Porque para que nos escuchen, antes debemos escuchar; para que nos reconozcan, debemos reconocer; algo que, si ya en situaciones de normalidad es difícil, en el conflicto de Ruidera es una imposibilidad.

Ruidera no tiene solución, como no la tiene la Mancha Húmeda, ni el alto Guadiana. Y no la tiene, porque la única cosa que la podría forzar sería una sociedad comprometida y formada, unida en un consenso de objetivos, y capaz de movilizarse, con tanta fuerza, que obligara a cambiar. Esto es, debería ocurrir algo así como un cataclismo social. Y eso no es una utopía; es una auténtica imposibilidad ¿Cómo se podría esperar algo así, cuando ni siquiera aquellas personas más enamoradas de Ruidera, aquellas que incluso la elegirían como el lugar donde "perderse" o huir, son conscientes del problema?

Mucha belleza, mucha espectacularidad en vídeos y fotografías, mucho alucinar al hablar de la maravilla que es Ruidera, de aducir que hay que cuidarla y tratarla bien, pero incapaces de tomar una posición social crítica, de poner una denuncia, de asociarse para su defensa activa. Y no porque sean indolentes o cínicos en sus posturas, no, simplemente es que somos así.

Llegamos en nuestros coches, paseamos pisoteando las barreras travertínicas, incrementamos la masificación veraniega al mismo tiempo que pensamos que todo eso es una barbaridad ¡Qué incoherencia! En fin; no son críticas estas letras, o no lo pretenden; solo son un nuevo desahogo personal.

*Ruidera, aspecto de la flora*

# RUIDERA: LA MORRA DE LA CONCEJA

Demasiados capítulos dedicados a destacar aspectos problemáticos de Ruidera; esto es, aspectos negativos que, no por ser verídicos, evitan un amargo sabor final. De modo que ya es hora de empezar a escribir de esas cosas que a todos nos enamoran del Parque Natural. Porque Ruidera, a pesar de todos los pesares, constituye una auténtica joya natural, y como tal debe brillar por encima de todo lo demás.

Y en este sentido, me gustaría recrear uno de aquellos maravillosos días de marcha por los caminos de Ruidera: un día especial, porque trataba de enseñar a unos amigos, llegados desde Zaragoza, aquellas cosas del Parque que no conoce ni visita el turista dominguero del baño, la paella y botellón. Además, conseguí que me acompañaran dos amigos de esos, especialmente conocedores del medio: Héctor Campos, magnífico fotógrafo, periodista y escritor; y Salvador Jiménez, también escritor y quizá uno de los mayores conocedores del paraje y de cuanto ha acontecido, tanto por ser natural del mismo, como por haber vivido toda su vida en él.

Y como según dicen los sabios estoicos, hay que tratar con aquellos de quien se puede aprender, porque el trato debe ser una fuente de enseñanza, al igual que la conversación, ya que hay muchas cosas por saber, y es corto el vivir; pues, eso; que la compañía de Héctor y Salvador me posibilitaban recibir ese efecto; lo consideremos estoico o no.

El día era otoñal, con el gris de los cielos como modelando las pequeñas lomas matizadas de coscojas y romeros: el grupo caminaba bordeando la laguna Conceja. El camino era ancho y se encontraba solitario; al fondo, la Casa de los Duendes; una construcción abandonada desde hacía décadas supuestamente por los ruidos ocasionados por seres misteriosos ¿Quién sabe de la existencia o no de otras formas de comunicación que pudieran trascender en el tiempo y el espacio?

*La "Casa de los duendes"*

La loma de la Conceja suponía un complicado ascenso para mí. Pero ya mi vista percibía multitud de imágenes que hacían que la imaginación cabalgara enaltecida. Las plantas se mecían acariciadas por la brisa, y los cantos de las aves semejaban un plañidero duelo en esa necrópolis de alrededor. Porque estábamos dentro de una especie de bucle telúrico: tierra y alma; conexión espiritual con otros seres, otros tiempos, quizá desde hacía milenios ya.

*Laguna Conceja vista desde "La Morra"*

Observaba la laguna desde el punto más alto; y sentía una sutil reverencia hacia el entorno y el pasado; las verdeazuladas aguas reflejaban como espejos el embrujo del lugar. Me estremecía de ternura y emoción. Abrí mi pequeña agenda para tomar unas notas casi febriles ante la quietud y sosiego que transmitían las encinas y sabinares. Los chopos amarilleaban en su otoñal madurez.

Salvador iba y venía cogiendo piedras; Héctor disparaba una y otra vez su cámara fotográfica. Los componentes del grupo atendían encantados las explicaciones. Era como hacer arqueología en estado puro, respetuosa con el tiempo y con el Medio, casi una actitud religiosa en su hacer: ¡Hay Ruidera; cuánto se ignora de ti!

*Los fósiles de Salvador*

Reconozco que yo soy pragmático; tengo que serlo. Mi mente analizaba al mismo tiempo, la actual situación del entorno, el nivel de la laguna, la flora, la franja de masiegas, el avance del carrizo… En fin, es que no lo puedo evitar. Y después volvimos a caminar dejando atrás el Castellón, el poblado en altura situado en el Cerro de la Conceja. Son pequeños secretos de Ruidera, lugares para la ensoñación.

*Lagunas Conceja y Tomilla vistas desde La Morra*

*Laguna de La Lengua*

# RUIDERA: FUENTE DE LA RINGURRINA

Continuemos con aquella escapada que comenzáramos en la Morra de la Conceja. Era una espléndida otoñal mañana, y a eso del mediodía las prendas de abrigo comenzaron a sobrar, lo que motivó que nos decidiéramos a quitárnoslas ¡Craso error!; porque la brisa era fría y helaba nuestro sudor.

El paseo lo comenzamos desde la laguna Conceja, en el denominado "Baño de las Mulas". Su nombre deriva del uso tradicional que se le dio hasta mediados del siglo XX, donde se refrescaban las yuntas después del acarreo de la trilla y la mies.

La transformación ecológica y medioambiental de esta laguna comenzó en 1920, cuando se construyó la central hidroeléctrica de Ruipérez. Para alimentarla se construyó un salto de agua que conllevó la realización de un azud y una toma que se regulaba con unas compuertas accionadas a mano. Después, el agua se conducía por un canal cementado, de unos trescientos metros de longitud, hasta llegar a la entubación de la turbina: un salto de ocho metros capaz de sustraer de la Conceja más de tres metros cúbicos por segundo.

Evidentemente, cuando aquello comenzó a funcionar, los niveles de la laguna bajaron hasta el punto de interrumpir su comunicación y continuidad natural con la Tinaja. Solo el cierre de la central posibilitó, a partir de 1976, que volviera a recuperarse la comunicación entre ambas lagunas a través de su torrentera superficial. Comunicación que ya dependería siempre de los avatares climáticos y del nivel de sobreexplotación de las subterráneas aguas del Acuífero 24; circunstancia, ésta, que comenzaría a partir de 1986.

*"Plaza de toros"; desde la laguna Conceja a la Tinaja*

El paseo desde la Conceja a la Tinaja puede que sea uno de los más recorridos de Ruidera. Aquí la presión del urbanismo se deja sentir con especial intensidad, pero la belleza de sus pequeñas cascadas, ollas y pilancones, en especial la denominada "Plaza de Toros", hacen las delicias de cualquier observador. De modo que durante el recorrido, disparábamos nuestras cámaras fotográficas con profusión, mientras Salvador, nuestro particular guía, se desviaba para adentrarse por la espesura: buscaba el camino para hacernos llegar hasta la Fuente de la Ringurrina.

*Grabados paleocristianos en la "Fuente de la Ringurrina"*

Soy persona de esas que intentan, en su día a día, mantener una filosofía de vida que no trate de evitar, suprimir u ocultar las emociones internas: todo lo contrario, procuro reconocerlas, reflexionar sobre ellas, y en su caso, reconducirlas. Tal vez, por eso, mi prejuicio visceral ante la caótica, nefasta y negligente gestión del espacio natural, junto con la estulta ceguera ecológica de la propia población ruidereña, promocionando y defendiendo la masificación turística, pudo quedar como en suspenso durante aquel corto espacio de tiempo que permanecimos en la Ringurrina. Porque de nuevo volví a sentir esa especie de comunicación telúrica y mágica con aquellos míticos pobladores de este espacio ancestral.

No era el único en percibirlo así, porque de todo ello, Héctor, el periodista del grupo, escribiría después:

*"Allí, donde el turismo de masas desaparece, se descubre el verdadero valor de un lugar. Y éste es mágico: sobre una fuente que brota abundante, cobijada por un abrigo de piedras abovedadas, terrazas travertínicas de antiguos niveles de aguas, aparecen grabados esquemáticos prehistóricos. La sensación es la de estar ante un lugar sagrado".*

*Travertino en la Fuente de la Ringurrina*

Y mientras; no me pude resistir a la tentación de transmitir algunas notas sociales y ecológicas a nuestros queridos acompañantes. Al fin eran más de treinta años de estudio y desvelo por aprender y comprender, tanto de este paraje, como del resto de mi adorada Mancha Húmeda. Pero ya era bien entrada la hora, y nuestros estómagos reclamaban su atención. De modo que decidimos dirigirnos a comer… Y en el Mesón de Juan, allá donde un día pernoctara Azorín, nos esperaba un magnífico yantar.

*Saltos entre las lagunas Salvadora y Santos Morcillo*

*Ruidera: Plaza de Toros y Baño de las Mulas*

# LOS VERANOS DE RUIDERA

Me irritan los veranos de Ruidera. Me agobian, me incomodan, me llenan de rabia esas fotos colgadas en el Facebook o en Instagram sin mesura y sin descanso —¡Estamos aquí! ¡Este año están fenomenal! ¡Preciosas!", o cualquier otra ñoñería similar— mientras sus protagonistas caminan por barreras y travertinos sin ni siquiera conocer que con cada una de sus pisadas destruyen decenas de años de acción mecánica de la naturaleza. Sí; decenas de años de esa acción que hace posible que el agua, el sol, la oxigenación, el carbonato cálcico, los musgos, los salientes rocosos y los carrizales y masegares de las orillas, hagan nacer milímetro a milímetro esas "tobas" que son el origen y la esencia peculiar del preciado Parque Natural.

Porque Ruidera es un río, no un complejo lagunar. Un río represado de forma natural del que, eso sí, la inmensa mayoría de los que lo vienen a "disfrutar" no sabrían decir ni cuál es su verdadera denominación: ¿Guadiana? ¿Alto Guadiana? ¿Guadiana Alto?; porque no es lo mismo, no se vayan a pensar.

Y viene a cuento esta "desmedida" perorata como fruto de la indignación que la visión de un vídeo con un rebaño de vacas trashumantes abrevando en la Laguna del Rey me ha podido causar. Bueno, más que la tópica visión, lo que más me ha podido enervar ha sido la reacción que ha podido suscitar a través de la red: un total de noventa y siete "me gusta" y ciento veinticinco veces compartido, lo que no está nada mal dado que la página de procedencia todavía no es de las de gran difusión.

Si las páginas, estudios, reportajes y/o artículos que durante décadas y por miles se han publicado tratando de dar a conocer la naturaleza, esencia y problemática de este parque natural hubieran tenido la misma aceptación, hoy el "ejército" de admiradores, preparados y capacitados, para defender la naturaleza y la conservación de Ruidera se contaría por millones, eso sin exagerar.

*Ruidera: urbanización en las márgenes de la Laguna del Rey*

Pero, no, ¡qué va!, ¿a quién se le puede ocurrir pensar que esas decenas de miles de veraneantes que visitan el Parque Natural pudieran estar interesados en conocer? Conocer las tantas y variadas formas que Ruidera puede presentar: la arqueológica, la histórica, la hidrogeológica, la de la gea, flora y fauna, la industrial, la económica y social, la política, la etnográfica… y para qué seguir.

*¡Qué "cutre" el turismo de Ruidera!*

No. La Ruidera que les interesa es la del baño, el chiringuito, la paella y el coche en el mismo borde lagunar. Y por supuesto la del vídeo y la consabida foto que colgar ¡Maravilloso! A veces uno llega a pensar que maldita sea la buena "suerte" que posibilita la especial naturaleza hidrogeológica del Campo de Montiel, que permite que con pocas lluvias y escasos meses el Parque vuelva a renacer. Porque desde luego, méritos para tenerlo, conservarlo y disfrutarlo, pocos o ninguno solemos hacer.

Pues nada, muy bien, que reviente de veraneantes y automóviles otra vez, que si Ruidera ha de morir de algo será de éxito y masificación. Sin más literaturas.

*Azudes improvisados para aumentar zonas de baño*

# RUIDERA, LA POLÍTICA Y LA VERDAD

Resulta sorprendente comprobar hasta qué extremo hemos llegado para aceptar, como si esto fuera la cosa más natural del mundo, que los políticos nos mienten o cuando menos manipulan a su conveniencia la verdad. ¿Por qué? —me pregunto constantemente— ¿Por qué si sabemos que nos mienten les seguimos justificando y votando? ¿¡Quizá porque son de nuestro partido o de nuestra ideología particular!?

Hay teóricos que vienen a sostener que a veces resulta justificado que los políticos no digan toda la verdad, sobre todo si con ello se evitan males mayores (guerras, disturbios, etc.). Sin embargo, yo pienso que la mentira, o el uso interesado y/o parcial de la verdad —las medias verdades que tanto se utilizan— nunca están justificados en las personas de honor. Y mucho menos en aquellas que por su dedicación pública un día juraron o prometieron defender las leyes y la Constitución, que es tanto como jurar o prometer defender la verdad y el bien general. Y no lo acepto ni siquiera para esas situaciones tan excepcionales que hemos puesto como ejemplo a considerar. Así que mucho menos cuando estas mentiras son utilizadas para su propio favor o interés, conduciéndonos a las tan habituales situaciones de corrupción, vanidad y prepotencia de los líderes políticos que ya son capaces de decir con todo el descaro del mundo lo que les conviene prescindiendo de todo atisbo de ética o moral.

De modo que la mentira en política es hoy algo tan consustancial que ya, como el que no quiere la cosa, ha entrado a formar parte del entramado político y social a todos los niveles, desde el máximo internacional hasta el más humilde local.

Fue Maquiavelo el primero que teorizó sobre el engaño en la política como parte de la estrategia, un argumento absolutamente inmoral que no resulta disculpable ni siquiera bajo el argumento de no disponer de otros medios para lograr un objetivo común.

Con mentiras semejantes, a lo largo de la historia, nos condujeron a guerras —la última la de Irak—; están creando en el momento actual condiciones de intolerancia y xenofobia, nos venden las bondades de políticas económicas que sólo sirven para lucrar a los de siempre; y mientras, hunden en la miseria y la desesperación a miles de ciudadanos que salvo llorar su impotencia poco más pueden hacer. Pero con todo, si existe un tema en el que se miente con un descaro ejemplar, este es en el asunto del Medio Ambiente y su mejor protección.

No me siento capaz de hacer afirmaciones de alto nivel nacional o internacional, aunque abundan los datos científicos para todo aquel que quiera investigar. Pero sí me precio de conocer bien el Medio Ambiente en la Mancha, y lo que los diversos políticos han dicho y han venido haciendo sobre él. Y, sobre todo, como caso paradigmático, lo que han venido haciendo y lo que acontece sobre el parque natural de las Lagunas de Ruidera, un paraje sobre el que todos los políticos autonómicos que han sido y serán, se han manifestado calificándolas como "la joya de la corona" que a todo trance habría que salvaguardar. Y sin embargo Ruidera ha sido, es y seguirá siendo, el Parque Natural peor gestionado del continente europeo, cuando no absolutamente abandonado por la acción política institucional ¡Se puede actuar con mayor sinrazón!

*Deleznable masificación turística*

Porque no hay día en el que no se produzca alguna nueva barbaridad sobre él —masificación, descontrol, usos inadecuados, vertidos contaminados, invasión del dominio público por la propiedad particular, destrucción de barreras travertínicas, y para qué seguir más—, y no hay ni un solo político o funcionario, desde Presidencia para abajo, que sean capaces de asumir su responsabilidad.

Que Ruidera no tiene PORN, incumpliendo la legislación sobre espacios naturales protegidos, pues se justifica con medias verdades y ya está. Que hay que modificar el PRUG para colocar como tercer objetivo del parque natural la defensa de los intereses socioeconómicos de los pueblos —eufemismo para soslayar que los intereses que quieren blindar son los de la propiedad privada—, pues eso parece que les llena de orgullo, porque cabe señalar que en el PRUG actual este objetivo ocupa el noveno y último lugar. Que los alcaldes y funcionarios con competencias parecen instalados en un inmovilismo contrario a cualquier propuesta innovadora, pues eso también parece una realidad. Y así podríamos seguir y seguir para en el fondo llegar a la misma conclusión: que en política se miente mucho y con descaro, y que, en cuestiones de Medio Ambiente, en la Mancha y sobre Ruidera en particular, la mentira no es sólo un descaro, es un bochorno espantoso imposible de soportar. Sin más literaturas.

# RUIDERA Y EL OSSERO: CRÓNICA DE UNA DEMOLICIÓN

El día 30 de noviembre de 2018, la Corporación Municipal de Ossa de Montiel celebró una sesión de Pleno con carácter ordinario que incluía como segundo punto del Orden del Día, una propuesta de convenio con Gas Natural Fenosa en relación a la cesión de los terrenos y edificaciones existentes en el paraje denominado "El Ossero", ubicado dentro del Parque Natural.

*La antigua central de El Ossero, abandonada a su suerte, en la actualidad es una auténtica ruina*

Las edificaciones existentes en las propiedades objeto de cesión consisten en una central eléctrica, construida sobre lo que fue un antiguo molino harinero, con una superficie de 227 m$^2$, que consta de dos edificios, el principal y otro anexo; las edificaciones auxiliares —tres viviendas— destinadas a los trabajadores de la central, más la presa o azud, los canales y la compuerta. En resumen, un patrimonio arqueológico industrial de notable importancia para la historia social y ecológica del Parque Natural.

La noticia, en principio, cabría considerarla como una de aquellas de las que alegran el corazón por ser de las que constituyen un ejemplo de buen hacer medioambiental por parte de una Corporación, en este caso la de Ossa de Montiel.

Pero ya ven ustedes como matizo al decir "en principio", porque la sangre se hiela en las venas a poco que se continúe leyendo el objeto del convenio que han realizado estas entidades —Gas Natural y el Ayuntamiento de Ossa de Montiel— que en lo fundamental impone a la cedente la obligación de realizar la demolición integral de la central y de las edificaciones auxiliares; la demolición parcial de la presa o azud, y la retirada de los elementos propios de las instalaciones eléctricas.

Llegados a este punto, lo primero que cabría comentar, es si realmente el mencionado patrimonio es algo que encierra algún valor, o no. En este sentido conviene matizar que la central del Ossero se construyó como aprovechamiento fluyente en los años 1926/27, teniendo lugar su parada en 1972. Se sitúa en los términos de Villahermosa y Ossa de Montiel; en el primero se situaba la toma de agua, y en el segundo, el salto de 13,90 metros de altura y un caudal de 1,6 m$^3$/s. El canal de desagüe tiene unos quinientos metros y desalojaba en el tramo pantanoso adyacente a la laguna Conceja.

El imponente edificio de la central tiene una superficie de 60 m$^2$ y alberga una maquinaria hidroeléctrica para una potencia de 165 megavatios.

Y todo este patrimonio arqueológico industrial se quiere demoler porque es la condición que impone el Ayuntamiento de Ossa de Montiel para aceptar la cesión con la finalidad de "preservación y mantenimiento de los terrenos e instalaciones cedidas, con excepción de las edificaciones citadas". Es decir, con el fin de destinar los terrenos e instalaciones de la central hidroeléctrica del Ossero, a la preservación del patrimonio histórico cultural, lo primero que ha decidido el Ayuntamiento de Ossa de Montiel es obligar a la cedente a su demolición ¿Toma ya! Esto sí que es una auténtica medida de protección y conservación del patrimonio ¡Asusta pensar cómo serán las demás!

La verdad es que se me ocurren mil barbaridades que decirle a esta Corporación. Pero convencido a tenor de su talente "demoledor" y destructivo de que no serviría de nada, me limitaré a expresar una pregunta y una breve reflexión:

¿Habrá mostrado el mismo celo dicha Corporación en exigir la demolición de toda construcción ilegal realizada en su término municipal dentro del Parque Natural?... Esa, la pregunta.

Como reflexión aquello de: ¡Podría habérsele ocurrido a alguien de dicha corporación pensar que, en lugar de demoler esos espléndidos espacios, se podría haber exigido su rehabilitación con fines museísticos del patrimonio industrial y/o como centro de interpretación! Pero me temo que no, a tenor del convenio que pretenden firmar: ¡Dios, cuánto desconocimiento!... Y es que hay que ver, como escribía en otra colaboración "¡Qué cosas pasan en Ruidera!".

*Maquinaria de la antigua central de El Ossero*

# ¡QUÉ COSAS PASAN EN RUIDERA!

Serían mediados los años de la década de los cincuenta del pasado siglo cuando un niño, de nombre Salvador, se puso a pescar en la laguna del Rey (Lagunas de Ruidera), cerca de las compuertas de la central eléctrica de San Alberto. Por entonces, en aquella pedanía de Argamasilla de Alba, sus habitantes malvivían en un régimen de subsistencia, y un par de tencas o calandinos, podían marcar la diferencia entre cenar o tener que acostarse masticando tan sólo un mendrugo de pan.

El pequeño Salvador, atento como estaba a su hilo de pescar, se sobresaltó cuando escucho que alguien a su espalda le daba los buenos días inquiriéndole a continuación el permiso de pesca y su documentación. Se trataba de un cabo de la Guardia Civil. El muchacho, asustado y mudo de pavor ante tan coercitiva presencia, sólo pudo ofrecer como respuesta el abundante fluir de sus infantiles lágrimas, emblema exacto del miedo que albergaba su corazón.

La benemérita pareja lo condujo hasta las oficinas de la central hidroeléctrica y lo dejaron a la puerta con una orden tajante: "¡Espera aquí!". Un par de horas después, atestado por medio con presencia y firma de la paterna autoridad, aquel niño volvió a su hogar.

Algunos meses después fue llamado a juicio. Cuando el juez vio ante él a aquel chiquillo, agarrado de la mano de su padre, con la caña de un ribazo, un hilo de sedal, un corcho de botella como boya, y un doblado alfiler como anzuelo, sólo acertó a decir: "¡Dios mío, qué cosas pasan en Ruidera!".

Hoy, setenta años después, Salvador es un jubilado que intenta completar su exigua pensión solicitando de las autoridades gestoras del parque natural que se le permita el aprovechamiento o recolección, para su consumo personal, de frutos de las plantas inmediatas al cauce del Guadiana Alto (Lagunas de Ruidera), en concreto de algunas nueces del nogal existente en el paraje de "El hundimiento", algunos higos de las higueras silvestres y ciertas bayas comestibles de las que abundan allí. Y todo ello en base a considerar la condición de dominio público del citado lugar.

Por estas cosas, el antaño niño, hoy ya más que maduro vecino de la localidad, continúa sufriendo por parte de las autoridades competentes requerimientos de papeles y permisos que justifiquen el "expolio" de unos higos y unas nueces que sólo vienen a servir como postre de aquellas frugales cenas que Salvador puede hacer.

¡Dios mío, qué cosas pasan en Ruidera! Cabría escribir, al igual que hace setenta años un humanitario juez pudo expresar.

Pero aún pasan más cosas en Ruidera en lo que se refiere a Salvador. Bueno, a Salvador y a tantas cosas más.

Y como muestra valga un botón; ciertas lindezas publicadas en internet, página del foro social de Ruidera, por un asqueroso, cobarde y anónimo individuo oculto tras seudónimo:

*«Hola chavalesss… q tal soy torrente, vaya noticion q me ha llegado, si si noticion, según me comunican un pajarraco sin escrupulos a escrito un libro en contra del pueblo de Ruidera y del parque natural, que clase de judas es este individuo, este tio no se merece vivir en este pueblo, hay que desterrarlo, mandarlo aunque sea al infierno, de que va este pollo por la vida, que es lo que quiere, hundirnos mas que estamos, vaya con salvatierra…»*

Citas literales entre las que además de la calumnia y la mala leche concentrada, resulta destacable el "elevadísimo" nivel cultural y el cuidado estilo ortográfico del personaje en cuestión.

O éste otro, firmado por un cultivado y similar personaje al que hace mérito su seudónimo en cuestión; «toallitaswc»:

*«a este tio ay ke echarlo a la mierda del pueblo, xq si esto es kerer a su pueblo que venga dios y lo vea».*

Y todo ello porque este hombre, Salvador, ha tenido a gala durante todos estos años manifestar y publicar sus opiniones personales sobre la nefasta gestión que ha adornado y sigue adornando la "peculiar historia" del parque natural.

¡Dios mío, qué cosas pasaban, y qué cosas pasan en Ruidera! Todo un ejemplo de las libertades individuales y democráticas que se pueden defender y vivir en tan idílico lugar. Y luego dirán que estamos en pleno siglo XXI.

Ya, ya, pues atrévanse a dar una vuelta por Ruidera y cuestionen abiertamente la nefasta actuación de autoridades, propietarios, terratenientes, caciques y otras joyas del lugar… Ya verán, ya, donde queda el respeto a sus derechos democráticos y su supuesta libertad de expresión individual.

*Arde Ruidera*

# NÁUFRAGOS EN RUIDERA

Me gusta escribir ¡Lo reconozco! Disfruto con ello; me encanta plantearme retos, investigar, y después ir viendo cómo nace y crece la obra que pretendo pergeñar. Siento una satisfacción inmensa cuando concluyo un trabajo. Y a pesar de que también vivo la desolación y el vacío que suele quedar cuando se culmina una ilusión, lo supero inmediatamente, porque enseguida mi corazón me propone otros retos y metas que alcanzar. Y me siento afortunado por ello; aunque tengo que reconocer que no todas las cosas me satisfacen por igual. Que hay retos; y retos; y que no es lo mismo escribir sobre una, que otra cuestión. Y esto que digo, lo acabo de comprobar.

He dedicado el último año de mi vida a escribir otra novela; esta vez inspirada en la postguerra civil, con el colofón añadido de situar el desenlace final en el trasfondo de la guerra de Ifni, nuestro último episodio bélico colonial. Y ello me ha causado no pocas dudas y sinsabores. Pero también grandes satisfacciones. He podido conocer a gentes que vivieron esa guerra, que estuvieron allí —algunos estuvieron poco después—. Ellos, con sus correos y sobre todo a través de sus artículos y colaboraciones en la web *www.sidi-ifni.com* me posibilitaron conocer sus recuerdos y quejas. Otros me animaron en los momentos de dificultad. Hasta que por fin la acabé. Después surgió de nuevo el vacío, esa insatisfacción que produce la duda ¿Se leerá? ¿Estará condenada a pasar desapercibida como tantas otras más?

*Portada de "Siroco"*

Por suerte para mí, enseguida nació la idea del nuevo reto que superar. Un reto que ha de volverme de nuevo hacia el mundo al que tantos años de mi vida dediqué: el del medio ambiente en la Mancha y la crónica de su destrucción. Y ello ha supuesto como una extraña paradoja: la de volver a escribir sobre un tema del que yo suponía que ya había dicho todo lo que tenía que decir. Pero resulta que no: que no había escrito todo lo que tenía que escribir. Y esto me hace descubrir que puede que sea cierto aquello que un día leyera, y que venía a decir que muchos autores se aferran a una tierra, a un paisaje, a una naturaleza donde desarrollar sus historias.

Porque es cierto que, en mi caso, nada de lo que he escrito, y de lo que probablemente escribiré, podría entenderse sin el concurso de mi tierra, sus paisajes y sus gentes. Aunque de entre todo ello, donde verdaderamente más me encuentro conmigo mismo, es cuando vuelvo a escribir sobre naturaleza; sobre esa naturaleza herida por el progreso y la interminable sobreexplotación de nuestros acuíferos subterráneos.

Volver a retomar las viejas obras y escritos; redescubrir aquellas luchas que antaño fueran, y que en algunos casos siguen siendo, me ha provocado un profundo sentimiento de añoranza y nostalgia. Porque nada puede igualar la pasión creadora que surge cuando se escribe con sentimiento: "Diario de un ecologista" "Don Julio Maroto: un maestro en defensa de la naturaleza" "De Ruidera a Daimiel: crónicas del caminar", y tantos y tantos escritos más —artículos, colaboraciones, ponencias, ensayos— son buena muestra de esta aseveración.

*Portada "Don Julio Maroto: un maestro en defensa de la naturaleza"*

De toda esa literatura me siento satisfecho, aunque debo reconocer que el trabajo dedicado a don Julio Maroto —en colaboración con su hijo, mi amigo Luis Maroto—, provoca en mi ser un especial sentimiento.

Porque supuso la culminación del homenaje que yo le debía y que por tanto le tenía que hacer. Don Julio Maroto fue mi mentor en estas lides. Con él aprendí a conocer y amar esta tierra arrasada por la esquilmación que sufría el acuífero 23; él me encaminó hacia la senda de la militancia "ecologista", el compromiso y la acción. Con él descubrí, ríos, lagunas y charcones. Y por fin, con él crecí en la denuncia a través de centenares de colaboraciones en los más diversos medios de comunicación.

Pero si don Julio Maroto fue mi mentor, tengo que reconocer que la continuidad en esas lides también se debió a la fortuna de conocer a otra "gran personalidad" dentro de este mundillo de la individualidad ecologista: Salvador Jiménez Ramírez; porqué él fue quien me "descubrió" Ruidera en toda la esencia de su ser. Gracias a Salvador yo he podido conocer toda esa riqueza oculta que en forma de historia atesora el parque natural. Con él he vivido interminables jornadas; pateando montes y cañadas, socializando y educando a centenares de visitantes a los que de forma ordenada y sistemática llevábamos hasta Ruidera, en excursiones, cursos, talleres o aulas. Con ellos siempre se ha volcado Salvador; siempre dispuesto a atender mis demandas de

formación. Juntos, pues, hemos vivido cosas buenas y malas —
más malas que buenas, dada la peculiaridad de aquel entorno
poblacional—; hemos crecido juntos en el activismo
medioambientalista, hemos compartido nuestras respectivas
obras, nos hemos ayudado mutuamente.

*Portada "Náufragos en Ruidera"*

Así que también a Salvador le debo un homenaje. Pero esta vez quisiera hacerlo cuando todavía puede leer con sus ojos lo mucho que le aprecio y admiro, cuando todavía se le puede saludar por la calle, darle la mano, y decirle siquiera ¡Gracias por todo, Salvador!

Así que sí, que efectivamente todavía me quedaban cosas que escribir sobre esos "viejos temas" que desgraciadamente siguen siendo actuales. De modo que he vuelto a tomar mi cuaderno de notas, los viejos libros, la hemeroteca y los archivos fotográficos… Después he tomado un rotulador verde, y he titulado en la primera hoja: *Náufragos en Ruidera"*; después me he puesto a escribir.

*Aquellas vegas que un día fueron humedal*

*Portada "Diario de un ecologista"*

# RUIDERA, EL PROBLEMA; EDUCACIÓN AMBIENTAL, LA SOLUCIÓN

El ser humano es un ser de cuidado, dice Leonardo Boff, sin que ello signifique que debamos tomar este aserto en su sentido más peyorativo. Porque lo cierto es que los seres humanos tenemos que poner cuidado en todo: en el cuerpo, en la salud, en el amor, en las relaciones sociales, y por supuesto en la naturaleza.

Y aun estando de acuerdo en el hecho de que venimos a poner buen cuidado en todas aquellas cosas que atañen a nuestra propia persona, la cosa parece diferente con todo aquello que toca al común —"Lo que es del común, no es de ningún"—, aserto éste último que parece tomar especial consideración cuando del cuidado de la Naturaleza se trata, porque si bien es cierto que para su cuidado y conservación se ha elaborado una ingente cantidad de legislación, también lo es que ésta no ha servido para salvaguardarla adecuadamente, toda vez que la lucha por la conservación no es un tema que pueda resolverse con leyes *ad hoc*, desligadas de los grandes problemas económico-sociales que afectan a la población. Así, pobreza y subdesarrollo son incompatibles con conservación.

Pero con ser esto cierto, también lo es que las estrategias de conservación suelen avanzar a un ritmo de velocidad diferente según la situación económica y social del territorio y/o Estado del que se venga a tratar.

Bien, pues si esto es así, y el Estado español y su territorio configuran un espacio económico y social de derecho, plenamente desarrollado y con un nivel económico que nos sitúa dentro de la órbita de los países ricos del planeta, se supone que estamos capacitados para desarrollar políticas de conservación del patrimonio natural que permitan protegerlo y disfrutarlo sin poner en riesgo su traspaso a la generación posterior.

Y reconozco que se han dado pasos de gigante en este sentido. Pero también que persisten rémoras y lacras que no mantiene su correlato con la política que acontece a nivel nacional. Y el parque natural de las Lagunas de Ruidera es probablemente el paradigma que define esta situación: una vergüenza de gestión mantenida durante décadas por las sucesivas administraciones — nacional y autonómica— a la que nadie parece haber querido poner coto de una vez.

Ruidera, en la actualidad, es quizá el único parque natural del territorio español que goza de entrada libre, tanto para personas como para vehículos, posibilitando con ello una masificación en su uso imposible de soportar —en época estival pueden llegar a censarse más de ocho mil vehículos y veintitrés mil personas para una superficie de poco más de treinta y siete kilómetros cuadrados—. ¡Una exageración absolutamente demencial!

¡Cómo no se les caerá la cara de vergüenza a los responsables de esta gestión!

Y aun conociendo que ha habido responsables del Parque ilusionados y bienintencionados que trataron de hacer lo que pudieron, al final su único recurso fue el de dimitir, aceptando con ello lo imposible de poder cambiar las reglas del juego que perviven por allí.

Sobre Ruidera pesan multitud de problemas, es verdad. Pero destacan sobremanera dos en especial: el político-social y el educacional. Dos problemas que se retroalimentan porque no se puede actuar sobre el primero —deslindes, limitaciones de uso sobre la gran propiedad, y un etcétera interminable—, si no se actúa antes y con gran interés en el tema educacional.

*Ruidera; ¿una piscina en pleno lecho lagunar?... Pues sí...*

Porque lo primero que los ruidereños —también los usuarios— deberían conocer es el enorme valor medioambiental de "su" Parque Natural, algo que hasta ahora no va mucho más allá de

*Ruidera; ¡cuánta más gente, mejor!*

"cuanta más gente venga, mejor". Educación ambiental masiva, pues, para la población, e intención política de "coger el toro por los cuernos" en relación a la trama económica asociada al poder de la gran propiedad, son dos bazas ineludibles en la actualidad.

Pero no una educación ambiental cualquiera. Hablo de buenos programas asociados al conocimiento de la historia y a las actuaciones de aprendizaje-servicio. Esto es, aprender haciendo un servicio a la comunidad capaz de orientar el talento y la creatividad hacia un compromiso social; invitar a los habitantes del entorno a implicarse en la solución de los problemas reales del mismo.

*Y esto también es Ruidera, parque natural*

Proyectos de apadrinamiento de zonas por parte de instituciones y organizaciones sociales y colegios; proyectos de recogidas de datos relevantes; jornadas, seminarios, publicaciones, cursos, cátedras de investigación…, sacarían a Ruidera de esa necrosis que padece de vinculación al turismo de la tortilla y la masificación. En fin, soluciones tiene el actual problema. Otra cosa es que aquellos a los que les corresponda imponerlas no las quieran implementar. Y es que en el fondo lo que prima es el mucho miedo que los responsables tienen de perder "su sillón".

*Portada "Diario de un ecologista"*

# EL ENIGMA DEL GUADIANA

Porque enigma, sí, parece seguir constituyendo la cuestión del nacimiento del río Guadiana, ya que a lo que se ve no hay forma de que nos queramos desprender de aquella romántica leyenda del "…puente sobre el cual pacen todo el año más de diez mil carneros…" que describiera Andrea Navaggero, embajador de Venecia, allá en los albores del siglo XVI. Y es que la imagen literaria, la fábula y la tradición resultan siempre argumentos populares con un enorme poder de seducción.

Y vuelvo a cuento con este tema por el hecho de que releyendo el borrador del plan de gestión del espacio Natura 2000, Lagunas de Ruidera, que la Dirección General de Montes de la Junta de Comunidades de Castilla La Mancha publicó, con fecha 10 de marzo de 2014, todavía me encuentro con asertos tales como que "…el conjunto de las lagunas se localiza en el valle del denominado alto Guadiana"; o también que "…las denominadas lagunas de Ruidera son una sucesión de 15 lagunas situadas a lo largo del curso superior del alto Guadiana"; es decir, asertos que no aciertan a distinguir entre lo que es el curso alto de un río con el topónimo que define el singular del río en cuestión. Porque, ¿se puede seguir admitiendo en documentos oficiales el mantenimiento de esa infundada creencia del nacimiento del río Guadiana en las lagunas de Ruidera? ¿Es que este tipo de documentación no ha de ser coherente con el posicionamiento científico, realizando a su vez una adecuada labor de pedagogía y educación?

*Río Guadiana: molino de Molemocho en las Tablas de Daimiel*

Porque el Guadiana de Ruidera no es el Guadiana que nace, o mejor, nacía, en los Ojos. Y por eso, con sus diversos topónimos en cabecera —río Pinilla, Vado Ancho—, su nombre oficial desde el paraje de las lagunas de Ruidera es el de Guadiana Alto, que no es lo mismo, ni mucho menos, que alto Guadiana (primer tramo o curso alto del río Guadiana), ni que la cuenca alta de dicho río, entendido éste último como aquel que nace o nacía en los Ojos, desembocando en el Atlántico, allá por Ayamonte.

Que el Guadiana Alto, o de Ruidera, y que el Guadiana, Bajo o de los Ojos, son dos ríos diferentes, es materia científica aceptada, al menos, desde mediados del siglo XIX.

Y es la investigación contrastada la que avala este aserto. Al menos eso es lo que corrobora la diversa documentación que compilan archivos y hemerotecas. De hecho, según consta en el número 4, de 15 de febrero de 1854, de la revista de Obras Públicas, ya en fecha tan temprana como el 18 de febrero de 1849, el gobierno de la Nación emitió una real orden por la que se nombraba una comisión compuesta por dos ingenieros, uno de minas y otro de caminos, para que estudiaran el curso y la cuenca del río Guadiana desde su "nacimiento en las lagunas de Ruidera", hasta Badajoz, de modo que propusieran los medios de utilizar sus aguas en el regadío de las comarcas que atravesaba. La comisión citada recorrió el curso del río desde las lagunas de Ruidera y los Ojos del Guadiana, hasta Badajoz. Y de tan exhaustivo estudio surgieron múltiples conclusiones. Pero de todas ellas, una es la que nos viene bien a destacar: la que se refiere al nacimiento de dicho río, pues ambos ingenieros cuestionaban la extendida idea del hundimiento del río Guadiana. Incluso referenciaban al famoso arquitecto, don Juan de Villanueva, que al abordar su proyecto del Canal del Gran Priorato de San Juan, calificó de "cuentos de viejas" las creencias que sobre tal hundimiento corrían.

Lo cierto es que las comprobaciones científicas de estos dos ingenieros matizaban que en condiciones normales las aguas evacuadas por las lagunas de Ruidera marchaban por el canal construido hasta el pueblo de Villacentenos, distante una media legua del río Záncara, en los llamados Llanos del Herradero, paraje donde solían filtrarse en el terreno. Por lo que ambos investigadores pudieron concluir que "Es absurda de todo punto la creencia de que las aguas vertidas por las lagunas, infiltrándose en aquellos terrenos, recorran subterráneamente un espacio de siete leguas próximamente para presentarse de nuevo en los Ojos y continuar el curso del mismo río, que antes tuviera su origen en las citadas lagunas".

*Ocaso en las Tablas de Daimiel*

Para estos científicos, mediante sus cálculos e investigaciones quedaba demostrado que las aguas nacidas en las lagunas de Ruidera seguían su curso natural hasta verterse en el Záncara; que allí perdían el nombre de Guadiana para llevar por algunas leguas el de aquel río [Záncara] hasta su confluencia con el nuevo Guadiana nacido en los Ojos, y que éste conserva su nombre hasta su desembocadura en el Océano. Debían, por tanto, rechazar la idea que fijaba su nacimiento en las célebres lagunas, para situarlo en los Ojos del Guadiana. Distinguían, por tanto, dos ríos: el que procedía de las lagunas con el nombre de Guadiana Alto o de Ruidera; y el que nacía en los Ojos, que denominaban Guadiana Bajo o de los Ojos.

Es decir, que lo que dejaron claro es que el río Guadiana, el que desemboca por Ayamonte en el Atlántico, nace —o mejor nacía— en el paraje denominado "Ojos del Guadiana", siendo su única fuente las aguas subterráneas del Acuífero 23. Y que el río que mediante una serie de represas tobáceas configura las denominadas lagunas de Ruidera, es otro río diferente, llámese como se quiera llamar. Si bien, en respeto a la tradición, debemos denominarlo Guadiana Alto, para diferenciarlo del Guadiana sin más. Lo que no es de recibo, lo que no se puede seguir admitiendo ya, es que técnicos, expertos, documentación e instituciones públicas y privadas, sigan confundiendo el río Guadiana Alto (o de Ruidera), con el tramo alto o curso superior del río Guadiana (alto Guadiana), porque eso es tanto como

seguir confundiendo a nivel oficial el "tocino con la velocidad"
… Ay, ¡cuándo aprenderemos a expresarnos con claridad!

*El viejo cauce del río Záncara es cualquier cosa menos el cauce de un río*

# CAMBIO CLIMÁTICO: UNA REALIDAD

Ahora se habla mucho del cambio climático. Incluso en una reciente encuesta realizada por el Real Instituto Elcano, el cincuenta y seis por ciento de los españoles lo situaban entre el primer y segundo lugar como la mayor amenaza a la que se enfrenta la humanidad. Y, sin embargo, la tibieza de las medidas para afrontarlo es algo que nos hace ponernos a temblar. Porque la pasividad política frente al rápido deterioro del planeta es causa de daños irreparables que hasta ahora parecían distantes e inconcebibles.

*Los tornados proliferan en sitios inimaginables*

Y son numerosas y crecientes las repercusiones del cambio climático: pero entre ellas, quizá, la mayor sea las migraciones que se están produciendo y se producirán por causas climáticas. Millones de personas se están viendo obligadas a abandonar sus hogares, temporal o permanentemente, debido a que su forma de vida y bienestar se han visto alteradas por los cambios ambientales. Unos huyen porque sus hogares fueron destruidos por desastres naturales —ciclones, inundaciones, sequías—; otros, porque las condiciones del clima o la degradación alteraron sus recursos agrícolas o porque sus ciudades se están hundiendo, literalmente, en el mar. En la actualidad se estima que hay sesenta y cuatro millones de migrantes forzosos, gran parte de ellos debido a las condiciones climáticas. Y estos, con toda seguridad, aumentarán cada año.

Según la Organización Internacional de Naciones Unidas para las Migraciones, el aumento de migración climática afectará al desarrollo global; porque alterará las infraestructuras urbanas, ralentizará el crecimiento económico, disminuirá el bienestar social, la salud y la educación de los migrantes, y en última instancia, elevará exponencialmente el riesgo de conflictos internacionales.

Ante ello, la sociedad civil, mucho más concienciada que la sociedad política, ha comenzado a posicionarse. Las protestas de los "Fridays for Future", capitaneadas por Greta Thunberg, han instado a los líderes mundiales a que apliquen medidas conjuntas, urgentes y drásticas. Pero estos pasos solo son el comienzo. Se necesita más, muchísimo más. La cuestión es ¿Cómo lograr esa enorme movilización mundial contra el cambio climático?

Porque aún en los países altamente concienciados con la problemática, la acción política es nula prácticamente, y la acción social, poco más o menos igual.

*La desertización avanza imparable*

Sigamos como ejemplo el caso español reflejado en la encuesta del Real Instituto Elcano, aludida al principio. Según los resultados de la misma, el noventa y siete por ciento de los encuestados afirma que el cambio climático existe, el noventa y dos, que los humanos somos los responsables del mismo, y el ochenta por ciento afirma que España no hace lo suficiente para luchar contra el cambio climático. Y si existe este consenso tan mayoritario sobre la realidad del cambio, la pregunta sería, ¿por qué éste no se refleja en la adecuada reivindicación social?

Seguramente que no existe una única respuesta. Pero una de las principales causas, con toda seguridad, es la indiferencia. Porque a pesar de todo lo que digan las encuestas, el cambio climático todavía es un hecho que no vemos con claridad; bien porque los que se benefician de la indiferencia tienen demasiado poder; bien porque como casi siempre, preferimos no cambiar las cosas. Eso sin contar con que también existe un importante número de personas que niegan la evidencia del cambio, o que no son conscientes de la velocidad con que se está desarrollando: porque la crisis climática es obra de una sola generación ¡La nuestra!

En otros casos, se tiende a pensar que al final el problema lo resolverá la ciencia con sus continuos avances. En realidad, excusas para mantenernos en la indiferencia impidiéndonos actuar.

Pero lo cierto es que este nuevo siglo va a estar dominado por el calentamiento global, y que ello va a afectar a todas las condiciones de vida básica conocidas hasta la actualidad. Así que la cuestión no es si vamos a ser capaces de corregir el cambio climático, que ya es algo inevitable y sin solución. La cuestión es, ¿cómo va a afectar dicho cambio climático a nuestros hijos y a las generaciones que vengan detrás?

Mientras tanto, bien podríamos movilizarnos y tratar de hacer algo para ver si esas consecuencias se pueden mitigar. Aunque… mucho me temo que no.

*Aquellos ríos manchegos que fueron y ya no son*

*Y los polos se deshielan...*

# EN UN LUGAR DE LA MANCHA, DONDE LOS RÍOS CORREN AL REVÉS

En estos días aún corren los ríos por la llanura manchega. Unos en su sentido adecuado. Otros, como el Záncara, lo hacen al revés; volviendo hacia atrás las aguas que reciben ¡Todo un espectáculo este de los caprichosos ríos manchegos que tan pronto aparecen como desaparecen, antes porque se los tragaba la tierra, ahora porque no los dejamos nacer! Pero en todo caso, digo, espectáculo más que digno de ver.

*Aquellos viejos puentes, como puntos de sutura que intentaran cerrar una vieja cicatriz*

Y como lo es, allá vamos los manchegos a contemplar atónitos el efímero fenómeno, a asombrarnos de lo que otrora fuera normal: que por los cauces de los ríos fluya su caudal. Y no paramos de enviar por Internet las fotos que nos encandilan: anacrónicos puentes con agua bajo sus pies, vegas inundadas que a lo mejor por eso antes se denominaban "vegas de inundación" ¡Si es que se nos había olvidado hasta lo más elemental; que los nombres de las cosas siempre tienen un por qué!

*Y sin embargo, a veces aún corren esos ríos*

Pero mientras tanto respiran aliviados políticos y oportunistas ¡Atrás quedaron ya los famosos incendios veraniegos de las Tablas de Daimiel! Hora es, por tanto, de posar para la foto, de erigirse en salvadores del amenazado Parque Nacional, pese a que apenas a un par de kilómetros el agua que llega se "cuele" por los Ojos haciendo lo mismo que los ríos, que estos funcionen al revés. Es decir, que donde antes manaban, ahora percolen.

*Los colapsos en terrenos agrícolas indican el vacío del subsuelo*

Y no es que piense estar descubriendo nada nuevo, que esto, en la zona, lo sabe hasta el último mortal. Lo que me deja atónito, estupefacto y perplejo, es que en la Mancha el agua fluyente mueva a centenares, quizá a miles de personas, al sólo objeto de su contemplación, y su falta permanente no sea capaz de movilizar ni a un solo colectivo social. ¡Desde luego, tenemos lo que nos merecemos! Porque si aquí tuviéramos un poco, tan sólo un poco de orgullo y pundonor, algunos políticos y responsables administrativos, en Madrid y Badajoz, no se pasearían por estos lares con semejante grado de altivez.

Porque en esta tierra hace años que firmamos un pacto: queríamos pergeñar nuestro futuro con garantías de continuidad situando el desarrollo en manos de la sostenibilidad. Y para ello apartamos disidencias y desencuentros, superamos fobias, creímos que era posible de buena fe; y en las manos de la Administración pusimos aquello que había que hacer. Se llamó Plan Especial del Alto Guadiana (PEAG), algo que permitiría en un lapso prudencial que nuestra agricultura fuera viable económica y ecológicamente, que nuestro poblamiento permaneciera, y que ríos, lagunas y ojos existieran cada año en su forma natural y no funcionando al revés.

*El antes y el después de los colapsos del terreno*

Pero como pedirle peras al olmo es esta disquisición. Al fin, el problema hace más de cinco lustros que sirve para adornar papel, pese a que muy finas plumas y prestigiosos medios hayan querido hacerse eco de él. Inútil el esfuerzo, porque en este terreno patrio siempre hemos llevado a gala aquello de no leer.

Y como "ojos que no ven, corazón que no siente" y aquí dejamos de ver correr los ríos hace décadas, de ver como las Tablas se desecaban con el auxilio del Estado y la ley, para gozo y rapiña de ciertos aprovechados, de ver como miles de hectáreas de tablazos y lagunas se convertían en muladares y escombreras, y aquello nos resultó indiferente e incluso nos llegamos a creer que eso era el inevitable precio a pagar para que todos pudiéramos vivir bien, pues nada, dejamos de sentir. Y las consecuencias están ahí: un modelo agrario insostenible necesitado de una urgentísima reestructuración, y un medio natural masacrado que ahora funciona a golpes de grifo y tuberías de hormigón para mantener un sistema ecológico que funciona al revés.

En la Mancha, por tanto, hay que hacer lo que ya se hizo en otras zonas del suelo patrio español: reconvertir un sector económico de importancia vital. Y al igual que con la solidaridad de todo el pueblo español se afrontó la reconversión de la minería del carbón, de la siderurgia, de los astilleros invirtiendo vía presupuestos lo que fue necesario invertir; del mismo modo hay que contribuir para reconvertir el sector agrario en la Mancha, un sector estratégico en la región garante, empero, de sus raíces, cultura y continuidad.

Porque la naturaleza y el agro han caminado juntos en la Mancha durante la mayor parte de su trayectoria histórica. Y cuando esto se rompió, a mediados del siglo XX, algo en nuestra esencia se murió. Hora es de que volvamos a nuestra cultura ancestral, de que nuestra agricultura y medio ambiente vuelvan a ser pujantes sectores de progreso, desarrollo y modernidad. Y para eso hay que hacer lo que hay que hacer: ¡Poner en marcha nuestro consensuado Plan Especial! Así que vamos a ello de una puñetera vez. Sin más historias ni literaturas.

*La presa "ecológica" de Puente Navarro en las Tablas de Daimiel*

# EL CANAL DEL GRAN PRIORATO DE SAN JUAN

El Gran Priorato de San Juan, "largo de oriente a occidente dieciséis leguas, y de septentrión a medio, nueve leguas […] que confina por oriente con Alhambra, por medio con Villarrubia y Manzanares (Calatrava); occidente, Yébenes, Mora, Montes de Toledo; septentrión, Romeral, Puebla de don Fadrique y Criptana […] Sus villas son catorce: Consuegra, capital del Priorato; Madridejos, Camuñas, Herencia, Villafranca, Urda, Tembleque, Villacañas, Quero, Alcázar, Argamasilla de Alba, Villarta y Arenas. Hay tres castillos: Consuegra, Cervera y Peñarroya […] Sus ríos son: Guadiana, Záncara, Xigüela, Algodor y Amarguillo. Sus arroyos, Valdespino, Valdeperal, Aguaciles, Cordobés, Rianzales y otros más pequeños, que todos, excepto el Guadiana, corren solo en tiempo de lluvias".

Así, pues, la escasez de aguas superficiales era cosa notoria en el Gran Priorato, por lo que su regulación y aprovechamiento, fue siempre de especial preocupación para pobladores y mandatarios.

Constituía el Guadiana Alto el nervio hídrico fundamental del territorio. Motivo que propició que todos los intentos de regulación y mejor aprovechamiento de aguas se hiciesen sobre él.

La primera constatación historiográfica de obra hidráulica que disponemos alude al privilegio que el rey, don Fernando, otorgó en 1404, a la Orden de San Juan, por la que se le hacía merced de las azudas de Argamasilla, según consta en el archivo de Consuegra. De igual manera, los molinos de Cervera constatan su existencia desde 1515, y se documentan pleitos entre el Prior y el concejo de Alcázar, por los molinos del Guadiana, al menos desde 1575.

Pero, no obstante, y sin venir a cuestionar la importancia y envergadura de estas primeras obras, no sería sino con el establecimiento de las políticas ilustradas del Siglo de las Luces, cuando se acometería el proyecto principal de aprovechamiento de estas aguas.

En efecto, sería por Real Orden, del 14 de marzo de 1783, cuando don Carlos III, proveyó: "Por cuanto el infante don Gabriel, mi amado hijo, Gran Prior de Castilla en la Orden de San Juan, se me pidió permiso para abrir a su costa en el Gran Priorato una acequia de riego con aguas que salen de Ruidera, y otras que se pierden, empantanando y haciendo mal sanos aquellos países, pudiéndose recoger y hacer sumamente útiles [...] Le respondí que estaba conforme en que pusiese en práctica el expresado proyecto, y que, en cuanto a las condiciones y reglas para la ejecución, y para la percepción de productos, mandase el Infante extender una ordenanza arreglada en lo que permitan las circunstancias a la que está en uso en las reales acequias de Jarama y Colmenar. Desde luego dio orden el Infante para que se empezase, como en efecto se empezó, y sigue algunos meses, hace la obra según el proyecto y bajo la dirección de su arquitecto, don Juan de Villanueva".

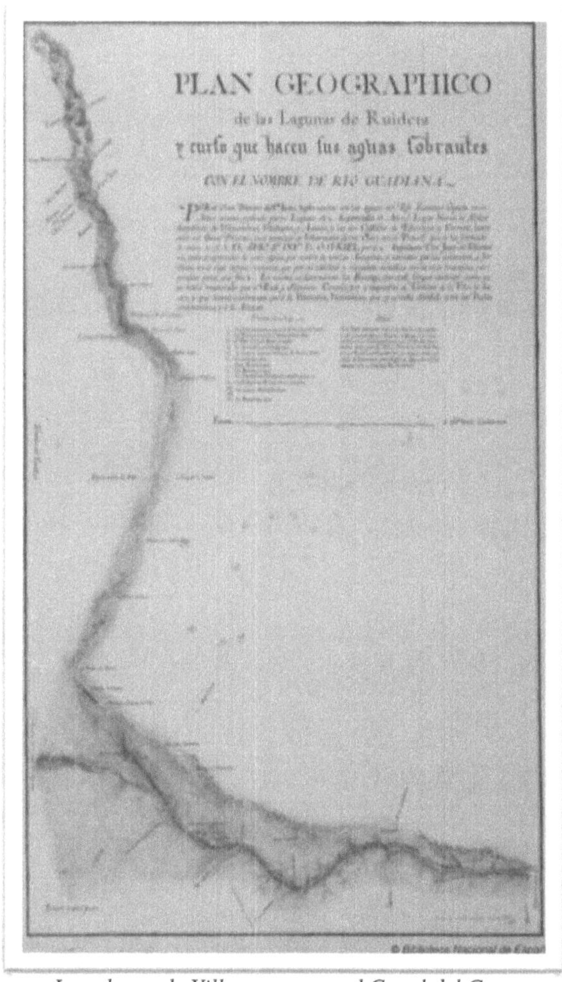

*Los planos de Villanueva para el Canal del Gran Priorato de San Juan*

Así, pues, el momento en que se piensa y planifica esta obra corresponde, cronológicamente, con el correspondiente al movimiento ilustrado español. Y si bien es cierto que dicho movimiento no supuso para la Mancha una transformación importante, la intención del Infante, basada en el estudio elaborado por Villanueva, pretendía crear un auténtico canal de riego que posibilitara cambios en la agricultura y facilitara el asentamiento de nuevas poblaciones. Pero como siempre fuera habitual en el hacer de estos proyectos ilustrados, lo deseado era siempre más ambicioso que lo que se podía hacer. Y si las "luces" iluminaban las ideas, los proyectos que después se realizaban minimizaban lo que en realidad se llegaba a construir.

No obstante, podemos conocer las directrices de construcción y gobierno que habían de dirigir las obras, gracias, precisamente, a las Ordenanzas que don Carlos III dispusiera hacer. Así sabemos que el canal habría de surtirse de las aguas procedentes y sobrantes de las lagunas de Ruidera, y de los ríos Záncara y Gigüela.

En el informe elaborado por el arquitecto Villanueva, éste llegó a concluir que, del caudal de aguas sobrantes de las lagunas, de las filtraciones que pudieran derivarse de los ríos Záncara y Gigüela, zumales y manantiales llamados Ojos que arrojaban las laderas del valle, desde poco antes de Villarta hasta el fin del Priorato, se podía garantizar un abundante caudal, que si era bien manejado podía ser de una utilidad inmensa. Y todo ello, además, podía lograrse sin grandes y costosas obras de fábrica, pues la mayoría de los trabajos se reducirían a excavaciones de zanjas y acequias.

Las obras de fábrica consideradas, por tanto, eran mínimas, comenzando por el depósito general de las aguas y el principio del canal, que se situaría en la actual laguna Cenagosa, última de las que componen el complejo lagunar. Seguiría su curso por el castillo de Peñarroya, Argamasilla de alba, Cervera, Alcázar, Villacentenos, Herencia, Villarta y Arenas.

Por tanto, en su planificación original, el canal fue dividido en cuatro tramos:

1. Desde la laguna Cenagosa, hasta el molino de Santa María.
2. Desde el molino de Santa María, atravesando el pueblo de Argamasilla, hasta el molino de Tejado.
3. Desde el molino de Tejado, hasta la confluencia del Gigüela y Záncara.
4. Desde la confluencia del Gigüela y Záncara, hasta el límite del Priorato en Arenas.

Para completar estos tramos, las obras que se proponían y su valoración se enumeraban del siguiente tenor:

Una acequia grande de 30.896 varas........................... 154.480 reales.

Una acequia pequeña de 179.206 varas...................... 537.618 "

Ocho puentes mayores para la acequia grande........... 096.001 "

Trece puentes menores para las acequias pequeñas.... 039.000 "

Ciento cincuenta brocales repartidores......................... 075.000 "

Dos hileras de árboles en las acequias pequeñas..........286.728 "

La primera de las obras, la exclusa de Miravetes, se conserva en la actualidad en bastante buen estado. Tiene una longitud aproximada de unos setenta metros, con una anchura de 3,85 metros. Existen ranuras en sus comienzos, lo que indica el uso de compuertas que servirían para regular el volumen del agua y poner en regadío toda la zona inmediata.

*Ruidera: exclusa de Miravetes*

Las aguas continuarían su curso mediante una acequia excavada sobre el terreno, hasta que a unos quinientos metros se realizó otra pequeña obra de fábrica, denominada "Baño de la Infanta", obra de la que ya solo quedan unas testimoniales ruinas; piedra arenisca, breña, jara y carrizo para justificar el paso del tiempo.

*Ruidera: Baño de la Infanta; exclusa sobre el Canal del Gran Priorato de San Juan*

Pero también el inicio de la construcción del canal debió de crear la necesidad de asentar a los trabajadores que llegaron para acometer las obras, siendo los puntos altos los más convenientes de modo que se conseguiría con ello alejar a los moradores del insano ambiente del cenagal. En todo caso, lo que consta documentado es que el infante don Gabriel encargó a Villanueva la construcción de una colonia —La Magdalena— quizá en alguno de aquellos primarios asentamientos, para cultivar —según Hervás y Buendía— la planta de la morera y emprender la fabricación de la seda. En 1785 aposentó en ella a doce colonos de Lorca y Murcia, convirtiendo aquel sitio en un ameno jardín.

Con respecto a este asentamiento de La Magdalena, Pascual Madoz, relata que al mismo tiempo de su construcción "se plantaron infinidad de chopos, álamos blancos y negros, plátanos, moreras y mimbres, formando calles, paseos y laberintos que hacían de aquel sitio un delicioso jardín. El secuestro de estos bienes como pertenecientes al ex infante, don Sebastián, con motivo del inicio de las Guerras Carlistas, hicieron caer en el mayor abandono estas instalaciones. En el momento presente, el poblado de La Magdalena está compuesto por doce casas en dos filas paralelas que dejan una plaza intermedia donde se sitúa la ermita.

El curso posterior del canal se dirigiría hacia el Castillo de Peñarroya, donde conectaría con el antiguo Canal del Gran Prior, adentrándose en los términos de Argamasilla, Cervera, Alcázar, Villacentenos, desde donde continuaría hacia Herencia, Villarta y Arenas de San Juan, ya en los límites del Gran Priorato.

Conocemos, también, en virtud de las Ordenanzas, otras motivaciones, además de las del aprovechamiento de las aguas sobrantes, tanto de Ruidera como de los ríos Záncara y Gigüela, que justificarían la construcción de la obra: así, en primer lugar, la construcción del canal y su depósito principal en la laguna de Miravetes (Cenagosa) debía de asegurar, además del riego de la zona, las aguas necesarias para el funcionamiento de seis molinos harineros y cinco batanes propios de la dignidad prioral situados en esa zona. También la subsistencia de las moreras que habrían de instalarse en las lindes de las acequias para el establecimiento de una fábrica de seda.

El proyecto logró ejecutarse en buena parte, tanto en su aspecto técnico y arquitectónico, como en el funcional de canal de riego. Prueba de ello son las múltiples referencias documentales de arrendamientos de tierra para siembra de legumbres, huertas y trigo, correspondientes a la demarcación del canal en los departamentos de Miravetes, Cervera y Villacentenos, disfrutando de los derechos de riego.

Entre 1782 y 1790, las obras llegarían a culminarse en gran parte. El canal se escavó a través de diversas acequias, tanto la principal, como las laterales que actuarían como repartidoras del agua para el riego por toda la zona, iniciando su curso en Miravetes, aunque nunca llegó a unirse, según lo planificado, con el viejo Canal del Gran Prior, faltando trece mil varas para ello. Por tanto, no llegó a conseguirse la continuidad del canal desde Ruidera. Ello, no obstante, no impidió la excavación de gran parte del nuevo canal en la zona de Alcázar, desde el vado Lancero hasta Villacentenos, dotándose de varias obras de fábrica (puentes, repartidores de agua y una exclusa). La continuación del canal, entre Villarta y Arenas, nunca se realizó.

Así, pues, el canal del Gran Priorato de San Juan, llegaría a ser una realidad física, desde la esclusa de Miravetes hasta las proximidades del vado del Atajadero, donde quedaría sin excavar la acequia principal. Desde el vado del Atajadero, el antiguo canal del Gran Prior seguiría su curso a través de los molinos de Parra, Nuevo, Santa María; población de Argamasilla de Alba, molinos de Membrilleja, Cuervo y Tejado, aldeas de Alameda de Cervera y Villacentenos, hasta alcanzar la confluencia de los ríos Záncara y Gigüela. A lo largo de este trayecto se trazarían puentes, acequias laterales y repartidores. Aunque no conocemos cuánto se llegaría a construir según el proyecto, ni cuánto de lo construido desaparecería en el tiempo posterior.

Sin embargo, sí es posible asegurar, por la documentación existente, que la mayor parte de las obras se realizaron en el periodo 1782-1790.

En 1788 murió el infante don Gabriel, desapareciendo con él, el principal impulsor del proyecto. Tras dos años de suspensión de las obras, éstas se reanudarían en 1792, hasta 1802, en que ya se interrumpirían definitivamente. De modo que podemos aseverar:

Que la esclusa de Miravetes y el puente de la esclusa estarían terminadas en dicha fecha. También las acequias laterales desde el canal principal y los repartidores de agua de la zona.

Que quedarían por excavar trece mil varas del canal principal, para unirse con el antiguo canal en el Atajadero.

En el canal nuevo, excavado desde vado Lancero (jurisdicción del concejo de Alcázar) hasta Villacentenos se construirían tres puentes, con sus correspondientes brocales y repartidores de agua.

La esclusa de Villacentenos también quedaría terminada.

Conocemos, también, que el propio Juan de Villanueva desaconsejaría la continuación del canal, según consta en el informe de continuación de las obras que él mismo elaboró tras el reinicio de las obras en 1792, por Villarta y Arenas, hasta que no se comprobaran los resultados de lo construido. Y efectivamente, estás obras no llegarían a realizarse.

En resumen, y derivado del estudio de las Ordenanzas sobre el Canal del Gran Priorato de San Juan, podemos llegar a las siguientes conclusiones:

1. El proyecto se fundamentaría en la supuesta gran cantidad de aguas sobrantes en las lagunas de Ruidera y afloramientos de aguas subterráneas, que podrían aprovecharse para mejorar la agricultura.

2. Se planeó en todo momento aprovechar para este proyecto el canal antiguo existente, que se extendía desde el denominado vado Atajadero, pasando al pie del castillo de Peñarroya, por los molinos Nuevo, Parra y Santa María, el pueblo de Argamasilla de Alba, los molinos de Membrilleja, el Cuervo y Tejado, aldea de Alameda de Cervera, hasta el vado Lancero.

3. Las obras a realizar, además del canal principal, serían una importante red de acequias laterales, con sus correspondientes brocales y repartidores, puentes mayores y menores, que irían dotadas de una plantación de moreras en sus orillas.

4. La finalidad principal de la obra sería la de implementar un gran sistema de regadío en todas las tierras de su recorrido, posibilitando una gran mejora en la productividad de la agricultura.

5. Se concretó toda una normativa respecto al mejor aprovechamiento de estos predios, que incluía desde los tipos de siembra, hasta el número de fanegas que corresponderían en riego, demarcación de tierras, horarios para regar, etc.

6. Otra de las finalidades correspondía a la promoción de la industria, aumentando la productividad de los molinos harineros, construyendo batanes y una fábrica de seda.

7. El canal posibilitaría el asentamiento de nuevos pobladores.

Don Juan de Villanueva fue dotado de una gran capacidad de actuación, pudiendo decidir las zonas de regadío, y a través de él mismo, o de sus sustitutos, la adjudicación de las tierras de cada acequia particular.

No obstante, de lo que no cabe duda, es que un proyecto de tal envergadura supondría un elemento de incuestionable progreso capaz de dinamizar la economía del territorio. La llegada del regadío a unos secarrales como los manchegos, supondría una indudable fuente de riqueza. Sin embargo, los resultados efectivos de esta faraónica obra resultaron, socialmente, pobres de por sí ¿Las causas?...

Probablemente la propiedad del canal en la Orden, así como de gran parte de la tierra, con todas las prerrogativas y derechos que ello conllevaba, la mala administración, y la constante confrontación entre los intereses del Prior, los pueblos, mayorazgos e Iglesia, contribuirían a que, poco a poco, el canal decayera. En todo caso, esta es una cuestión que quedará pendiente de investigación posterior.

# ÍNDICE

Si te gustó, no olvides dejar una reseña en Amazon, ello ayuda a los autores noveles en su tarea y labor. Además, puede que tal vez quieras leer otras obras del autor disponibles en Amazon…